本书知晓唐朝

本书编写组◎编

世界图书出版公司

广州·北京·上海·西安

图书在版编目（CIP）数据

　　一本书知晓唐朝／《一本书知晓唐朝》编写组编
　—广州：广东世界图书出版公司，2010.8（2024.2 重印）
　　ISBN 978 - 7 - 5100 - 2518 - 1

　　Ⅰ．①一… Ⅱ．①一… Ⅲ．①中国 - 古代史 - 唐代 -
通俗读物 Ⅳ．①K242.09

　　中国版本图书馆 CIP 数据核字（2010）第 151507 号

书　　　名　一本书知晓唐朝
　　　　　　YIBENSHU ZHIXIAO TANGCHAO
编　　　者　《一本书知晓唐朝》编写组
责任编辑　王　红
装帧设计　三棵树设计工作组
出版发行　世界图书出版有限公司　世界图书出版广东有限公司
地　　　址　广州市海珠区新港西路大江冲 25 号
邮　　　编　510300
电　　　话　020-84452179
网　　　址　http://www.gdst.com.cn
邮　　　箱　wpc_gdst@163.com
经　　　销　新华书店
印　　　刷　唐山富达印务有限公司
开　　　本　787mm×1092mm　1/16
印　　　张　13
字　　　数　160 千字
版　　　次　2010 年 8 月第 1 版　2024 年 2 月第 9 次印刷
国际书号　ISBN　978-7-5100-2518-1
定　　　价　59.80 元

一本书知晓唐朝

前　言

唐朝，是举世公认的中国最强盛的时代之一。公元618年，唐高祖李渊建立大唐王朝，以长安（今陕西西安）为都城。公元690年，武则天改国号"唐"为"周"，迁都洛阳，史称武周，也称大周。公元705年，唐中宗李显恢复大唐国号，还都长安。唐朝在天宝十四年（公元755年）安史之乱后日渐衰落。天祐四年（公元907年），梁王朱温篡位，唐朝至此宣告灭亡。大唐王朝从开国到灭亡，历经了唐高祖李渊、唐太宗李世民、唐高宗李治、则天大圣皇帝武媚娘、唐中宗李显、少帝李重茂、唐睿宗李旦、唐玄宗李隆基、唐肃宗李亨、唐代宗李豫、唐德宗李适、唐顺宗李诵、唐宪宗李纯、唐穆宗李恒、唐敬宗李湛、唐文宗李昂、唐武宗李炎、唐宣宗李忱、唐懿宗李漼、唐僖宗李儇、唐昭宗李晔、唐哀帝李柷22位皇帝，共计289年。

由于政治稳定、经济繁荣，唐朝在科技、文化、外交等方面都取得了辉煌的成就，是当时世界上最强大的国家。

在科技方面，天文学家僧一行在世界上首次测量了子午线的长度；药王孙思邈的《千金方》是一部不可多得的医药学经典；《金刚经》是世界上已知最早的雕版印刷。中国的火药、造纸、纺织等技术通过阿拉伯传到西亚、欧洲等地，为世界的科技进步做出了巨大的贡献。

唐朝最令人瞩目的文学成就就是唐诗。自陈子昂和"初唐四杰"开始，唐朝著名诗人层出不穷，盛唐时期的李白、杜甫、王维，中唐时期的韩愈、白居易，晚唐时期的李商隐、杜牧是其中的几位典型代表。

在绘画书法方面,出现了阎立本、吴道子、张萱、周昉、欧阳询、虞世南、颜真卿、柳公权等大家和名家。另外,唐朝的壁画事业非常发达。莫高窟与墓室壁画都是传世精品。

本书总共分为 5 章,分别讲述唐朝著名皇帝、著名皇后、文臣武将、著名历史事件以及唐朝主要的科技文化成就。本书内容言简意赅、通俗易懂,集知识性和故事性于一体,让您在轻松愉悦的阅读中,全面了解和把握大唐王朝的历史。不过,由于编者的经验和知识水平有限,书中难免会有一些不妥和错误,敬请广大读者朋友批评指正。

一本书知晓唐朝

目　录

著名皇帝篇

一本书知晓唐朝

著名事件篇

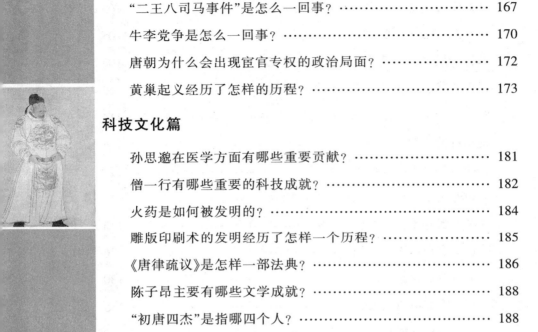

科技文化篇

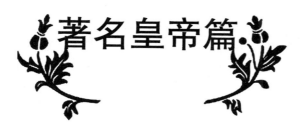

著名皇帝篇

唐高祖李渊是如何建立起大唐王朝的？

唐高祖李渊，大唐王朝的开国皇帝，字叔德，陇西成纪（今甘肃静宁）人，祖籍赵郡隆庆（今邢台市隆尧县）。李渊的祖父李虎，在西魏时期官至太尉。李渊的父亲李柄，北周时期曾任官御史大夫、安州总管、柱国大将军等职。李渊的母亲是隋文帝独孤皇后的姐姐，因此，李渊颇受隋文帝器重。

隋炀帝杨广即位以后，李渊任荥阳（今河南郑州）、楼烦（今山西静乐）二郡太守。后来又被召为殿内少监，迁为卫尉少卿。大业十三年（公元617年），李渊官拜太原留守。当时，正值隋末农民起义风起云涌，隋朝在农民起义的打击下已土崩瓦解。李渊自知无力镇压农民起义，又深知隋炀帝猜忌嗜杀，于是李渊采用次子李世民的建议，积极扩充实力，密谋反隋。

大业十三年五月，李渊和次子李世民在太原起事，并从河东（今山西永济西）召回长子李建成和四子李元吉。李渊起兵后，一方面派遣刘文静出使突厥，请求始毕可汗出兵相助，另一方面继续召募军队，并于七月率军南下。此时，李密正率领瓦岗军与王世充在洛阳酣战，于是李渊乘隙进取关中。李渊一路上瓦解农民起义军和拉拢地主武装，不断壮大自己。进攻长安时，李渊的兵力已达到20万。

大业十三年十一月，李渊攻克长安，并宣布了"与民约法十二条，悉除隋苛禁"，以争取各方支持，从而在关中站稳了脚跟。入长安以后，李渊立13岁的隋西京留守代王杨侑为傀儡皇帝，是为恭

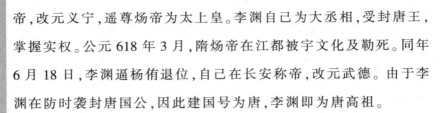

帝,改元义宁,遥尊炀帝为太上皇。李渊自己为大丞相,受封唐王,掌握实权。公元618年3月,隋炀帝在江都被宇文化及勒死。同年6月18日,李渊逼杨侑退位,自己在长安称帝,改元武德。由于李渊在防时袭封唐国公,因此建国号为唐,李渊即为唐高祖。

唐朝建立,隋朝灭亡以后,李渊便开始着手消灭其他反隋力量。在次子李世民的帮助下,李渊用了10年的时间先后消灭了薛举、薛仁杲、李轨、刘武周、王世充、窦建德、萧铣和梁师都等割据势力。

李渊在位期间,依照隋文帝旧制,重新建立中央及地方行政制度,并且修定律令格式,颁布均田制及租庸调制,重建府兵制,为唐朝的职官、刑律、兵制、土地及课役等制度奠定了初步的基础。

唐太宗李世民是如何开创"贞观之治"局面的?

唐太宗李世民,是唐朝第二位皇帝,"世民"的意思是"济世安民"。唐太宗不仅是一位出色的君主,更是一位出色的军事家、政治家和书法家。他开创了中国历史上著名的"贞观之治",将中国封建社会推向了鼎盛时期。

李世民生于开皇十八年(公元599年),是唐高祖李渊和窦皇后的次子。公元615年,李世民娶长孙氏为妻,即后来的长孙皇后。公元617年,李世民跟随父亲李渊、刘文静起兵反隋,并被封为秦王。

此后,李世民南征北战,逐步消灭各地割据势力,为唐朝统一

全国做出了突出的贡献。李世民自此威望日隆,被李渊封为"天策上将"。

由于李世民的功绩和威望远远盖过了身为太子的李建成,导致他与哥哥李建成、四弟齐王李元吉的猜忌和摩擦日益加深。公元626年,李世民先发制人,在长安城宫城玄武门发动"玄武门政变",杀死了李建成和李元吉。不久,李世民又强迫高祖李渊让位,自己即位称帝,次年改年号为贞观。

在唐太宗统治期间,唐朝国力强盛,被称为"贞观之治"。唐太宗晚年著有《帝范》一书,用以教戒太子,其中总结了他一生的政治经验,同时对自己的功过进行了评述。

唐太宗虚心纳谏、在国内厉行节约、注重百姓休养生息,使社会呈现出一片国泰民安的景象,为后来的"开元盛世"奠定了重要的基础。唐太宗的功绩主要体现在以下几方面:

1.政治方面

首先是知人善任,任人唯贤,虚怀纳谏。为了实现唐朝的长治久安,唐太宗用人不避仇怨(例如魏征),不拘门第,唯才是用。因此,贞观一朝,人才鼎盛,如魏征、房玄龄、杜如晦、长孙无忌、李靖、尉迟敬德等。由于唐太宗善于纳谏,因此使得朝臣进谏成风。其次是吸取隋亡教训。唐太宗吸取隋亡教训,提倡"民为邦本"、"民贵君轻",处处以民为本,而且还合并州县,革除民少吏多的弊政。

2.经济方面

首先是轻徭薄赋,劝课农桑,减轻人民负担。唐太宗吸取了隋

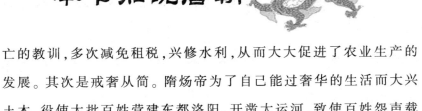

亡的教训,多次减免租税,兴修水利,从而大大促进了农业生产的发展。其次是戒奢从简。隋炀帝为了自己能过奢华的生活而大兴土木,役使大批百姓营建东都洛阳,开凿大运河,致使百姓怨声载道,民不聊生。因此唐太宗大力提倡节俭,不准修建台榭,还明令禁止地方官员进贡珍奇异宝。

3.思想文化方面

大兴科举,以儒为师。唐朝在文化政策方面基本沿袭了前代,兴科举是继承隋制,以儒为师是沿袭汉制。唐太宗还大大扩充了国学规模,扩建学社,增加学员。

4.注重法治

唐太宗非常注重法治,他曾说过:"国家法律不是帝王一家之法,而是天下都要共同遵守的法律,因此一切都要以法为准。"法律制定出来以后,唐太宗以身作则,带头守法,维护法律的划一和稳定。在贞观年间,真正地做到了王子犯法与庶民同罪。但量刑时,唐太宗又反复思量,慎之又慎。他说:"人死不能复生,执法务必宽大简约。"由于太宗的苦心经营,贞观年间法制情况良好,犯法的人很少,被判处死刑的人更少。据史记载,贞观三年,全国判死刑的人才29个,几乎达到了封建社会法制的最高标准——"刑措",即可以不用刑罚。

5.军事方面

唐太宗派李靖平定东突厥,俘虏颉利可汗,解除了北部边境的威胁;贞观九年,唐太宗平定了吐谷浑;贞观十四年,唐太宗又派侯君集平定高昌氏,在其地置西州,并在交河城(今新疆吐鲁番

西)置安西都护府。唐太宗对东突厥降众及依附于突厥的各族实行比较开明的政策,因而受到他们的拥戴,被尊为"天可汗"。

6.民族关系方面

唐太宗在民族关系上采取比较开明的政策。贞观十五年,唐太宗采取和亲政策,将文成公主嫁与吐蕃的赞普松赞干布,从而促进了汉、藏两族间的经济文化交流。

唐太宗统治时期,政治比较清明,经济发展较快,国力逐步增强,史称"贞观之治"。

唐高宗李治有哪些重大作为?

唐高宗李治,唐太宗第九子,生于贞观二年(公元628年)六月十三日,卒于弘道元年(公元683年),享年56岁,母亲为文德顺圣皇后长孙氏。贞观五年(公元631年),李治被封为晋王。

太宗晚年,太子李承乾和魏王李泰的储位之争异常激烈。贞观十七年,李承乾预谋强逼李世民让位,但未获成功,于是其太子之位被废。事后,唐太宗本来打算立魏王李泰为储君。但长孙无忌、褚遂良等重臣却坚决反对,唐太宗只得改立晋王李治为太子。贞观二十三年五月,唐太宗逝世,李治即位称帝,是为唐高宗,时年22岁。唐高宗在位34年,即公元650~683年。唐高宗在位期间,先后用了14个年号:永徽(公元650~655年);显庆(公元656~661年);龙朔(661~663年);麟德(公元664~665年);乾封(公元666~668年);总章(公元668~670年);咸亨(公元670~674年);上元(公元674~676年);仪凤(公元676~679年);调露(公元

679~680年）；永隆（公元680~681年）；开耀（公元681~682年）；永淳（公元682~683年）；弘道（公元683年）。

高宗即位以后，次年（公元650年）改年号为永徽。最初四五年间，朝政由顾命大臣长孙无忌和褚遂良等人掌握。

唐太宗有一女高阳公主，嫁给了房玄龄之子房遗爱。高宗即位以后，将房遗爱贬为房州刺史。永徽四年（公元653年），房遗爱、荆王李元景以及吴王李恪等人密谋造反。后来由于事情败露，房遗爱被杀，李元景、李恪以及高阳公主均被赐死，高宗帝位由此得以巩固。

高宗统治时期，朝鲜半岛分裂为三国：高丽、百济和新罗。永徽六年，高丽与百济联军进攻新罗，新罗派使者向唐朝乞援，唐高宗先后派兵出击高丽和百济。龙朔三年（公元663年），唐朝大将刘仁轨在白江口大败援助百济的倭国，随后攻破百济，百济国王逃往高丽。

高宗永徽二年（公元651年），高宗颁行了中国现存最完整、最古老的一部典型的封建法典《唐律疏议》，共500条，分为《名例律》、《卫禁律》、《职制律》、《户婚律》、《厩库律》、《擅兴律》、《贼盗律》、《斗讼律》、《诈伪律》、《杂律》、《捕亡律》、《断狱律》等12篇。

高宗即位不久，西突厥阿史那贺鲁破乙毗射匮可汗，自号沙钵罗可汗。永徽六年，唐高宗派程知节大举进攻沙钵罗可汗，自此唐朝连年用兵西域。一直到显庆二年（公元657年），唐朝大将苏定方才大破西突厥，沙钵罗被俘虏，西突厥灭亡。随后，唐高宗在那里分置昆陵、蒙池两个都护府。次年，唐高宗将安西都护府迁至

龟兹(今新疆库车)。唐朝的版图,以高宗时期为最大。

贞观十七年(公元 643 年),太子李承乾被废,晋王李治被立为太子。在侍奉太宗之际,武则天与李治结识并产生爱慕之心。唐太宗死后,武则天依唐朝后宫惯例,入感业寺削发为尼。永徽元年(公元 650 年)五月,唐高宗在太宗周年忌日之时入感业寺进香,又和武则天相遇,二人互诉离别后的思念之情。永徽二年(公元 651 年)五月,唐高宗孝服已满,于是召武则天再度入宫。次年五月,唐高宗封武则天为二品昭仪。

不久,唐高宗又打算废黜王皇后,改立武则天为皇后。对此,长孙无忌和褚遂良等元老重臣均表示反对。李义府、许敬宗等人为了迎合高宗,表示赞同废后之举;宿将李绩也奏称:"此陛下家事,何必更问外人。"于是高宗在李义府等人的支持下,终于在永徽六年将王皇后废黜,改立武则天为皇后。长孙无忌和褚遂良等人也因此事遭到贬斥。不久,长孙无忌被迫自缢而死。

显庆末年,高宗患风眩头重,目不能视,无法再操持政务,于是武则天得以逐渐掌握朝政。从此,武则天成为掌握实权的统治者,高宗处于大权旁落的地位。

弘道元年(公元 683 年)十二月,唐高宗病逝,时年 56 岁,死后葬于乾陵。

武则天是如何成为中国历史上唯一一位女皇帝的?

武则天,唐高宗李治的皇后,唐中宗李显、唐睿宗李旦的母

亲。唐高宗去世以后，武则天相继废掉两个儿子中宗和睿宗，自己做了皇帝，创造了"曌"（zhào）这个字，意为"日月当空"，并将国号改为周，史称"武周"。武则天是中国历史上唯一的一位女皇帝。

武则天出生于唐初新贵显宦之家，然而，唐初极重士族的门阀之风盛行，而武氏庶族的门第，低微的出身，使她饱受流俗的轻视。这一特殊的境遇与遭遇，强烈地刺激着青年时代的武则天，迫使她不惜一切代价追逐权力的至高至上。

武则天自幼聪慧敏俐，善于表达，胆识过人。父亲深感她是个可造之才，于是教她读书识字。据历史记载，武则天十三四岁的时候，已经能够博览群书，诗词歌赋也都有了一定的基础，而且还擅长书法。

贞观十一年（公元637年），年仅14岁的武则天因长相俊美，入选宫中，并被封为"才人"。入宫以后，唐太宗为她赐号"媚娘"。

在唐太宗病重期间，武则天因侍候太宗左右，与李治结识，二人一见钟情，互生爱慕之心。贞观二十三年（公元649年），太宗病逝，武则天与所有嫔妃一样，被发送到长安感业寺削发为尼。

李治即位后，因先前与武则天暗通款曲（为了隐瞒别人，私下里沟通、接触），对她极为爱慕，于是借祭祀之名到感业寺与武则天相会，二人一见面便涕泗横流。后宫皇后王氏端庄矜持，不得李治欢心，已被冷落多年。当时受宠的是萧淑妃，她为李治生有一儿两女，因此，萧淑妃得以称霸后宫。萧淑妃的儿子还被李治封为雍王。依照唐朝惯例，皇后的长子为太子，余下的若干儿子中才有一个有可能封为雍王。萧淑妃的儿子受封为雍王，是否意味着萧淑

一本书知晓唐朝

妃将由二品妃子升为一品，进而成为皇后？王皇后为此深感焦虑。为了保住自己的皇后之位，王皇后特意让李治接武则天进宫。于是武则天得以顺利进宫。王皇后之所以接武则天进宫，目的无非是借武则天之手打击萧淑妃，等到她们两人斗得两败俱伤之时，自己好坐收渔翁之利，而且她认为武则天原是先帝之妾，而且身份卑微，高宗李治不会给她任何名分。然而，王皇后的如意算盘打错了，她的做法却成了引狼入室，这让她自己成了武则天上升之路的第一批牺牲品。

武则天入宫之后，很快被高宗晋封为"昭仪"。永徽六年（公元655年），极受高宗宠爱的武则天，在后宫斗争中稳操胜券，而且高宗也有改立皇后之意。然而，在封建社会里，皇后的废立乃是国之大事，必须和重臣们商定。当高宗将废皇后王氏，改立武则天为皇后的打算向褚遂良、长孙无忌等重臣说明后，立即遭到他们的强烈反对。但是，高宗的主张也得到武则天的同谋许敬宗、李义府等人的支持。后来，武则天的亲生女儿突然夭折，武则天便借机宣称为王皇后所杀，迫使高宗在这年的十月颁诏，废黜王皇后，正式册立自己为皇后。被册立为皇后之后，武则天将王皇后、萧淑妃的手脚砍断，并将其放入酒缸中，称之为"醉骨"。

武则天登上皇后之位以后，其"通文史，多权谋"的长处得以发挥和施展，这也使得高宗对她另眼相看。武则天利用皇后的身份以及高宗对自己的宠爱，积极参与朝政。从永徽六年（公元655年）到显庆四年（公元659年）的5年时间里，武则天大肆清除政敌，贬尚书右仆射诸遂良，使他最后抑郁而终；罢黜同中书门下长

孙无忌，迫使他自缢而死；罢免朝中诸遂良、长孙无忌的余党，进一步巩固和扩大了自己的影响和势力。

显庆五年，高宗李治因患风眩，目不能视，无法处理政务，于是下诏委托武则天协理政事。自此，武则天从参政步入执政，掌握了朝廷实权。后来，高宗看出武则天的野心，图谋收回大权，并密令中书侍郎上官仪拟诏书废黜武则天，不料事情败露，武则天先下手为强，立即将上官仪处死。高宗之举，实为打草惊蛇，使得武则天更加警觉。

弘道元年（公元683年）高宗病逝，中宗李显即位，武则天为皇太后。嗣圣元年（公元684年），武则天废中宗为庐陵王，立睿宗李旦。载初元年，武则天废睿宗，自称圣神皇帝，改国号为周，定东都洛阳为神都，史称"武周"。自此，武则天成为中国历史上空前绝后的唯一一位女皇帝。

武则天前后执政近半个世纪，上承"贞观之治"，下启"开元盛世"，史称"贞观遗风"，诚如宋庆龄所言：武则天是"封建时代杰出的女政治家"。

为什么说唐中宗李显是女人手下的皇帝？

唐中宗李显，原名李哲，为唐高宗的第七子，武则天的第三子，共在位7年，后被韦皇后进毒饼毒死，终年55岁，死后葬于定陵（今陕西省富平县西北7.5千米的龙泉山）。武则天共生有4个儿子：长子李弘，次子李贤，三子李哲，四子李旦。李显最初被封为周王，后改封为英王。后来，李显的两位兄长李弘、李贤先后被武

则天废掉,李显遂被立为太子。

公元683年12月,高宗因病逝世,李显即位称帝,是为唐中宗,第二年改年号为"嗣圣"。中宗即位后,尊武则天为皇太后,由裴炎辅政。然而,中宗只是武则天的一个傀儡,一切政事皆取决于武则天。

中宗重用韦皇后的亲戚,企图培植自己的集团势力。他打算封韦皇后的父亲韦元贞为侍中(宰相职),然而辅政大臣裴炎对此极力反对。李显大怒:"我以天下给韦元贞,也无不可,难道还吝惜一侍中吗?"裴炎听后将此事告诉了武则天,武则天对中宗的行为大为恼怒。公元684年2月,中宗被武则天废为庐陵王,贬出长安。

被废之后,中宗先后被软禁于均州(今湖北省均县)、房州(今湖北省房县),长达14年之久,身边只有妃子韦氏陪伴,二人相依为命,尝尽了人世间的艰难。每当听说武则天派使臣前来,中宗就被吓得想自杀。韦氏总是安慰他说:"祸福无常,也不一定就是赐死,何必如此惊恐。"韦氏的鼓励和劝慰,使得中宗在逆境中坚持着活了下来。因此,中宗和韦氏这对患难夫妻感情十分深厚。中宗曾对韦氏发誓说:"有朝一日我若能重登皇位,一定满足你的任何愿望。"然而他做梦也没想到,最后要他性命的人,正是韦氏。

公元699年,中宗被武则天召回京城,并重新被立为太子。公元705年,82岁高龄的武则天病重。正月丙午日,宰相张柬之、右羽林大将军李多祚等人率领羽林军500余人,冲进玄武门,杀死张易之、张昌宗,逼迫武则天将皇位传于中宗。同年2月,复国号

为唐。

中宗复位以后，立即封韦氏为皇后，而且不顾大臣的反对，破格追封韦皇后的父亲为王，并让韦皇后参与朝政，而对张柬之等功臣却不加重用。中宗将韦皇后的女儿安乐公主嫁给武三思之子武崇训，封上官婉儿为昭仪，让她专掌制命，负责起草皇帝的诏令。

上官婉儿与武三思关系暧昧，韦后又非常信用儿女亲家武三思，因此他们结成了一股强大的政治势力左右着朝政。张柬之等大臣看到武则天的旧事又要重蹈覆辙，于是力劝中宗除掉武三思。武三思和韦后先下手为强，反诬张柬之等人谋图不轨，并怂勇中宗明升暗降，将张柬之等人册封为王，调离京城。武三思又暗中派杀手在途中将他们刺杀。

安乐公主为人也是野心勃勃，一心想做第二个武则天。她要求中宗废黜并非韦皇后亲生的太子李重俊，让她自己当皇太女。韦皇后和武三思也怂勇中宗废掉李重俊。李重俊不想坐以待毙，便协同羽林大将军李多祚于公元707年发动羽林军共300多人，杀死武三思父子，然后攻入宫中，打算击杀韦皇后和安乐公主。由于敌众我寡，二人皆被杀死。韦皇后乘机诬陷宰相魏元忠与太子有勾结，于是中宗将魏元忠贬出京城。此后，韦后更加肆无忌惮，她大肆卖官鬻爵，中宗对此也不闻不问，一切任由她的意愿去办。不仅如此，韦后为了满足自己的淫欲，还背着中宗大搞"婚外情"，而中宗却还蒙在鼓里。

公元710年5月，一个地方小官燕钦融上书指责韦后淫乱，

干预朝政。中宗亲自召燕钦融进京问罪，韦皇后指使徒党喝令卫士当众将燕钦融摔死。中宗看到此情此景，脸上露出很难看的神色。韦皇后担心中宗查究她的淫乱之事，安乐公主则希望母后能临朝称制，自己好当皇太女，于是母女俩便密谋将中宗害死。韦皇后知道中宗爱吃饼，于是命令情夫马秦客配制了毒药，她亲手将毒药拌入饼中，然后命令宫女送到神龙殿。中宗当时正在翻阅奏章，一看到有饼送来，于是随手取来就吃。不一会儿，中宗便觉得腹中绞痛，倒在榻上乱滚，太监慌忙去报告韦皇后，韦后故意拖延磨蹭，过了很久才赶来。她看到中宗痛苦的样子，就假装问中宗出了什么事。中宗已经说不出话来，没多久就死在了长安宫中的卧榻上。

中宗一生，前半生受制于母亲武则天，后半生任妻子和女儿摆布，并最终死于韦后的毒手。因此可以说，他的一生毁在了女人手中。

为什么说唐殇帝李重茂是一个有名无实的皇帝？

李重茂，唐中宗幼子，母亲为韦后，李重茂起初被封为温王。公元 710 年，中宗被毒死以后，韦后让年仅 16 岁的李重茂即位，改元"唐隆"。李重茂即位后仅 1 个月，韦后即被杀死，太平公主和李隆基联合将李重茂废掉，重新贬他为温王，并将他赶出长安。

李重茂即位以后，由韦太后临朝称制，相王李旦执掌政务。公元 710 年 6 月，李隆基杀死韦太后，并联合太平公主、内苑总监

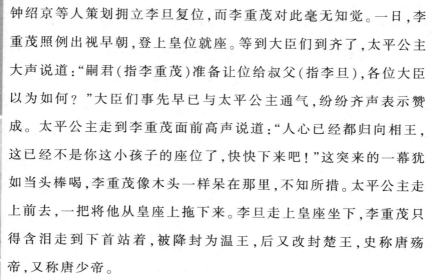

钟绍京等人策划拥立李旦复位，而李重茂对此毫无知觉。一日，李重茂照例出视早朝，登上皇位就座。等到大臣们到齐了，太平公主大声说道："嗣君（指李重茂）准备让位给叔父（指李旦），各位大臣以为如何？"大臣们事先早已与太平公主通气，纷纷齐声表示赞成。太平公主走到李重茂面前高声说道："人心已经都归向相王，这已经不是你这小孩子的座位了，快快下来吧！"这突来的一幕犹如当头棒喝，李重茂像木头一样呆在那里，不知所措。太平公主走上前去，一把将他从皇座上拖下来。李旦走上皇座坐下，李重茂只得含泪走到下首站着，被降封为温王，后又改封楚王，史称唐殇帝，又称唐少帝。

李重茂之兄、谯王李重福由于不服相王、太平公主等人的行为，在洛阳拥兵自立为帝，并封李重茂为皇太弟。不久，李重福兵败被杀，李重茂亦下落不明，不知所终。

唐殇帝李重茂，虽然也是唐朝一帝，但他在位时间实在太短，登位和被废的过程又很"荒唐"，故而史书记载甚少，属于一个有名无实的皇帝。

为什么唐睿宗李旦要"三让天下"？

唐睿宗李旦，又名旭轮，是唐高宗的第八子，武则天的幼子，唐中宗的弟弟。唐睿宗一生两度登基，三让天下，在位时间为文明元年至载初二年（公元684~690年）和景云元年至延和元年（公元710~712年），在位时间共计8年。公元712年，唐睿宗禅位给皇子李隆基，称太上皇，后病逝，享年55岁，死后葬于桥陵。

一本书知晓唐朝

李旦一生两度登基即位,第一次是在嗣圣元年(公元684年)春二月七日,也就是高宗皇帝死后的第二年,他以豫王李旦的身份取代了唐中宗,时年22岁;唐睿宗第二次登基已经是景云元年(公元710年)六月二十四日了,也就是在中宗死后的当年,这次即位是以相王的身份取代了中宗的儿子唐少帝,即温王李重茂。这前后两次即位相距27年之久。在这27年里,大唐王朝的政治局势波诡云谲,让后人在目不暇接的同时,唏嘘嗟叹。李旦的一生,算得上富有传奇色彩的一生,这主要是因为他的"三让天下"。

1.一让母亲

李旦初次即位,是武则天将中宗废为庐陵王的第二天。由于当时武则天的政治经营还未达到足以改朝换代的火候,因此身为武则天幼子的豫王李旦就被立为新君,李旦也就因此成为继中宗之后的唐朝第五任皇帝。

李旦虽然被立,但他不仅不能在正宫上朝听政,而且只能居住在别殿,武则天则以太后的身份临朝称制。武则天在立李旦为新君的同一天,将他的王妃刘氏立为皇后。数日之后,武则天又将李旦的长子永平郡王李成器立为皇太子,同时改元文明,大赦天下。这些都是李旦身为一国之君应该得到的,然而此时的朝廷大权皆由武则天一人独揽,李旦只是一个傀儡皇帝。同年,武则天又改元为光宅,一年就更换了三个年号。这已然昭示出,武则天除了没有没明目张胆地改朝换代外,在政治上已经可以为所欲为了。

垂拱二年(公元686年),武则天下诏还政于李旦。李旦深知武则天并非出自真心实意,所以表示不同意,武则天也就顺水推

17

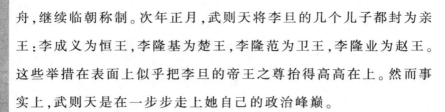

舟,继续临朝称制。次年正月,武则天将李旦的几个儿子都封为亲王:李成义为恒王,李隆基为楚王,李隆范为卫王,李隆业为赵王。这些举措在表面上似乎把李旦的帝王之尊抬得高高在上。然而事实上,武则天是在一步步走上她自己的政治峰巅。

永昌元年(公元689年),武则天开始改用周历。同时,改元为载初元年 (公元689年)。这一年,武则天为自己起了一个新名字——曌(zhào)。从此,为了避讳,发布的诏书就改称为"制书"。为了迎合武则天,很多朝臣上表请愿,请求武则天改朝换代。当时,宗室大臣和朝廷反对派纷纷惨遭灭顶之灾或灭门之祸,武则天的政治气焰已达到炙手可热的程度。处于政治漩涡中心的李旦,更不能不有所表示。于是,李旦也上表请求母后荣登大宝,并恳请赐自己姓武。李旦此举当然并非出自本意,却为武则天改朝换代提供了一个台阶,也使李旦自己得保周全。

天授元年(公元690年)九月,武则天表示同意儿子李旦和群臣的请求,并于九月九日改大唐为大周。李旦被降为皇嗣,赐姓武,改名为"轮",迁居东宫。李旦第一次让天下,就这样完成了。

2.二让皇兄

圣历元年(公元698年)三月,武则天将废黜为庐陵王的中宗从房陵召回。李旦"数称病不朝,请让位于中宗"。很显然,李旦称病只是一个借口,他是认为自己年幼,不愿卷入与皇兄的政治较量之中。按照封建时代的长幼尊卑,兄长被迎回宫中,就表明母后还是有意将兄长选立为继承人的。李旦之所以推让,不但显示了他的明理和识趣,也可以使武则天能够名正言顺地重立唐中宗,

同时也避免了他们兄弟二人之间产生矛盾。李旦这次以皇嗣身份让位皇兄为皇太子，自己则再次被封为相王。

神龙元年（公元705年），张柬之等人发动政变，逼迫武则天退位，拥立中宗复位。中宗封李旦为安国相王，拜为太尉，以宰相身份参与朝政。不到1个月，李旦就上表辞让太尉和知政事。不久，中宗又下诏将李旦立为皇太弟。对这一封号，李旦再次坚决推辞不受。由于李旦的屡次退让，使得他在中宗复辟之后的政治漩涡中得保平安。

3.三让儿子

景龙四年（公元710年）六月，中宗被韦后和女儿安乐公主毒杀，改立少帝李重茂，改元唐隆。起初，宰相十数人集体商议由韦后以皇太后的身份临朝称制，而以时为安国相王的李旦加太尉辅政。后来，韦后的党羽认为不应让相王辅政，其实是韦后想仿效武则天把持朝政，而李旦就成了一大障碍。李旦虽然先有中宗顾托遗志，无奈韦后对自己心怀猜忌，为保周全，李旦不得不再次恭俭退让。这说明李旦在躲避政治斗争漩涡的冲击时，具有一种非同寻常的智慧和本领。

由于倒行逆施，韦后最后走上了末路穷途。李旦的第三子李隆基、妹妹太平公主等联合禁军将领拥兵入宫，将韦后诛杀，并废黜少帝李重茂，拥立李旦重新登基称帝。唐隆元年（公元710年）六月二十四日，李旦即位于承天门楼，大赦天下。

李旦此次即位后的第二个月，就把诛韦有功的三子李隆基立为皇太子，同时，改元景云。到延和元年（公元712年）八月二十五

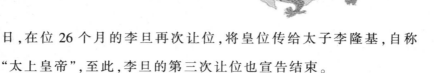
日,在位26个月的李旦再次让位,将皇位传给太子李隆基,自称"太上皇帝",至此,李旦的第三次让位也宣告结束。

唐玄宗李隆基是如何开创"开元盛世"伟大局面的?

唐玄宗,姓李,名隆基,世人多称呼其为唐明皇,是唐睿宗李旦的第三个儿子。公元712~756年在位,他开创了唐朝"开元盛世"的鼎盛局面,但从他开始,唐朝也开始走上了下坡路,从安史之乱的爆发,标志着唐朝开始由盛转衰。

李隆基出生时,正逢武则天篡权要做女皇帝,因此李隆基小时候就经历了错综复杂的宫廷变故,这对他坚定意志及性格的培养产生了很大的影响。他小时候就心怀大志,在宫里自诩为"阿瞒"(曹操的小名)。尽管他不被掌权的武氏族人所看重,但其一言一行依然颇有主见。

在李隆基7岁那年,一次在朝堂举行祭祀仪式,当时的金吾将军(掌管京城守卫的将军)武懿宗大声训斥侍从护卫,李隆基立即怒目而视,喝道:"这里是我李家的朝堂,干你何事?竟敢如此训斥我家骑士护卫!"结果弄得武懿宗目瞪口呆。武则天知道此事以后,不仅没有责怪李隆基,反而对这个年幼志高的小孙孙更加喜爱。到了第二年,李隆基就被封为临淄郡王。

武则天死后,唐中宗软弱无能,结果朝政大权落到了韦皇后和安乐公主的手里。韦皇后还效法武则天的做法,让自己的兄长韦温掌握大权,对于女儿安乐公主的违法卖官鬻爵行为也不加制

止。公元710年，中宗最终被韦皇后和安乐公主合谋毒杀。接着，韦皇后便想效仿武则天，做第二个女皇帝。

然而，韦皇后还没来得及动手，一直静观时变的李隆基和姑姑太平公主便抢先发动了兵变，率领万余御林军攻占了皇宫，并将韦皇后及其余党全部消灭。然后，由睿宗李旦重新即位，李隆基也因功被立为皇太子。

然而，李旦和中宗一样是个软弱的皇帝。李旦不敢和太平公主发生正面冲突，总是一味忍让。而太平公主则认为是自己给了李旦做皇帝的机会，所以她掌握了朝政大权。随着势力的不断强大，太平公主的野心日益膨胀起来，她也像母亲一样觊觎皇帝的宝座。

太平公主的主要对手就是太子李隆基。开始她并没有将李隆基放在眼里，觉得他年轻无所作为，但后来了解到李隆基的英勇果断之后，就开始积极防御他。她制造舆论说，李隆基不是长子，根本没资格做太子，更不能继承皇位。

公元712年，睿宗决定把皇位传给儿子李隆基。睿宗的让位加剧了李隆基与太平公主之间的矛盾。双方都在积蓄力量，预备伺机除掉对方。

公元713年七月三日，唐玄宗李隆基果断地先下手为强，亲自率兵马除掉了太平公主及其余党，并将倾向太平公主的官员全部罢官废黜，唐玄宗自此终于掌握了皇帝应有的权力。他将年号改为开元，旨在表明自己励精图治，再创唐朝辉煌的决心。

唐玄宗之所以能够开创"开元盛世"的局面，主要得益于以下

几方面：

1.善用贤臣

唐玄宗在清除太平公主之后，虽然在很大程度上巩固了皇权，但是兵变使朝廷大伤元气,吏治的混乱、腐败亟待治理。因此，唐玄宗量才任官，提拔贤能之人做宰相，如著名的宰相姚崇、宋璟、张九龄等。

姚崇办事果断，他因向唐玄宗提出了十条建议而被器重，做了宰相。这十条建议主要包括勿贪边功、广开言路、奖励正直大臣、勿使皇族专权、勿使宦官专权等,唐玄宗基本上都按照姚崇的建议执行了。姚崇还主持了开元初年的对蝗灾的治理工作。当时在黄河的南北地区都发生了严重蝗灾，姚崇亲自指挥，下令各郡县要全力以赴消灭蝗虫,有功者进行奖励。在他的大力推动下,蝗灾很快被制止住了。

姚崇之后便是宋璟，他也非常重视对人才的选拔任用，虽然他掌握朝政重权,但他从不徇私枉法。一次，他的远房叔叔宋元超在参加吏部的选拔时，向主考官说了自己和宋璟的特殊关系，希望予以照顾。结果被宋璟知道后，不但没给他说情，反而下令让吏部不给他官做。

张九龄是广东人，他在做了宰相之后，同样像玄宗那样看重人的品德和才干，而不是看重其背景。在吏部参与选拔官吏时，他始终主张要公正选才，量才为用。同时，对于玄宗的过错，他也能及时地指出,加以劝谏。

2.革新吏治

唐玄宗不仅慧眼识贤相,而且对吏治进行了整治。他采取了很多的有效措施:①精简机构,裁汰冗员,将武则天以来的很多无用官员一律裁撤,不仅提高了效率,而且节省了政府支出。②确立严格的考核制度,加强对地方官吏的管理。③重新将谏官和史官参加宰相会议的制度予以恢复。这原是唐太宗时期的一种制度,让谏官和史官参与讨论国家大事,监督朝政。武则天主政之后,提拔了许敬宗、李义府等人做宰相,有的事不敢再公开,因此这种制度也就废除了。④重视县令的任免。唐玄宗认为郡县官员是国家治理的最前沿,直接和百姓打交道,代表了国家形象。因此,玄宗经常亲自出题考核他们。如果考核成绩优秀,可以立即得到提拔,如果名不副实,也会立即遭到罢黜。

唐玄宗知人善任,赏罚分明,办事果断干练,这是他开创"开元盛世"的主要原因。

3.兵制改革

唐玄宗不但对内政进行了有效的治理,对于边疆也进行了卓有成效的治理,将原来丢失的领地重新夺了回来。

早在唐玄宗即位之前,北方边境已是危机重重。公元686年,契丹的李尽忠利用当时的民族矛盾,煽动部下叛乱,并且攻占了营州。武则天派兵反击,结果失败。公元703年,安西地区的碎叶镇也被突厥攻占,致使丝绸之路被割断,严重影响了唐朝的声誉和对外贸易。

北方的领土在唐朝初年曾经统一,而且唐朝在其地设置了单于、安北都护府,分别管辖长城内外到贝加尔湖的广大地区。到了

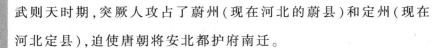

武则天时期,突厥人攻占了蔚州(现在河北的蔚县)和定州(现在河北定县),迫使唐朝将安北都护府南迁。

为了重新统一北方,唐玄宗采取了很多措施,为收复北方领土做准备,其中最主要一点就是对兵制进行了改革。原来的府兵制由于均田制的破坏,致使农民逃亡,影响了军队的兵源。高宗和武则天时期,对于军事不太重视。到了唐玄宗时,士兵逃跑现象更为严重,军队战斗力也非常低,根本无法和突厥军队抗衡。

开元十一年(公元723年),唐玄宗接受宰相张说的改革主张,建立雇佣兵制度。从关内招募到军士12万人,充当卫士,这就是"长从宿卫",也叫"长征健儿",此次改革是从府兵制到雇佣兵制的转变。此后,玄宗将这种制度推广到全国。这种制度不仅取消了原来府兵轮番到边境守卫的做法,解除了各地士兵到边境的守卫之苦,同时还为集中训练、提高战斗力提供了保证。

4.恢复北、西疆域

除了对兵制进行改革之外,唐玄宗还采取了其他很多的整军措施,比如颁布了《练兵诏》,命令西北的军镇扩充军队,加强训练。同时,任命太仆卿王毛仲为内外闲厩使,全力负责军用马匹的供应,这使短缺的马匹及时得到了补充,从而提高了战斗力。另外,为彻底解决军粮问题,玄宗还下令扩充屯田范围,在西北和黄河以北地区大力发展屯田。

在做好了一系列准备之后,唐朝逐步将营州等地收复,长城以北的回纥等族也自动取消了独立割据的称号,重新归附唐朝。安北都护府也重新得以恢复,唐朝重新行使对长城以北土地的管

辖权。

西域地区政权的恢复经历了 2 个阶段,第一个阶段是收复碎叶镇,第二个阶段是重新恢复丝绸之路。从此,唐朝的威望在西域重新建立起来。

6.检田括户繁荣经济

为了增加财政收入,打击强占土地、隐瞒不报的豪强,唐玄宗发动了一场检田括户运动。当时的豪强霸占了农民的土地之后,称为"籍外之田",他们还将逃亡的农户变成自己的"私属",在土地和人口两方面逃避国家税收。

公元 712~725 年,唐玄宗的检田括户运动收到了实效。他任命宇文融为全国的覆田劝农使,下设 10 道劝农使和劝农判官,分派到各地去检查隐瞒的土地和包庇的农户。然后将检查出来的土地一律没收,同时将这些土地重新分给农民耕种。这样下来,一年增加的客户钱就增长至几百万之多。

通过这些措施,唐玄宗重新使唐朝的经济步入了正轨,减轻了农民的负担,同时也增加了国家的财政收入,促进了社会经济的进一步繁荣。

7.为经济抑制佛教

唐朝初年,佛教的发展受到了儒教和道教的限制,特别是对道教的提倡,使得佛教的发展并未取得至尊的地位。然而到了武则天时期,为了从宗教上打击李姓,武则天对佛教采取大力扶植和纵容的态度,这使得佛教发展迅速。僧侣们不但在国家的包庇纵容下兼并土地,而且极力逃避国家税收,大大影响了国家的收

人。

开元二年，唐玄宗下令削减全国的僧人和尼姑数量，最后使全国还俗的僧尼达到 12000 人之多。然后，玄宗下令禁止再造新的寺庙，禁止铸造佛像，禁止传抄佛经，而且严禁官员与僧尼进行交往。因此，佛教在玄宗时期受到了很大的打击，这也是唐朝经济得以恢复发展的一个重要原因。

唐玄宗的一系列有效措施使唐朝的政治、经济、文化都得到新的发展，并且超过了他的先祖唐太宗，从而开创了中国历史上赫赫有名、名垂千古的"开元盛世"。

为什么说唐肃宗李亨是一个昏庸的皇帝？

唐肃宗李亨，原名李玙（yú），是唐玄宗李隆基之子，在位时间为公元 756~762 年，死于宫廷政变，终年 50 岁。

唐肃宗李亨曾被封为忠王。公元 738 年，李亨被册立为太子，改名李亨。马嵬驿兵变以后，玄宗任命李亨为天下兵马大元帅，统领朔方、河东、平卢节度使，负责平叛。玄宗继续西逃，李亨与玄宗分道扬镳之后，北上至灵武。公元 756 年七月十二日，李亨在灵武即位，是为唐肃宗，遥尊玄宗为太上皇，改年号为"至德"。

肃宗即位之后，便策划收复两京，即西京长安、东京洛阳。宰相房琯请求带兵去收复长安，肃宗平素一向很看重房琯，于是同意了他的请求。结果房琯在陈涛遭遇叛军，全军覆没。

至德二年（公元 757 年）正月，安史叛军发生内讧，安禄山被其子安庆绪所杀。唐肃宗任用名将郭子仪、李光弼，并且借用回纥

兵，乘机对安史叛军进行反攻。唐军分别于至德二年（公元757年）六月、十月收复了西京长安和东京洛阳。唐肃宗曾与回纥兵约定："克城之日，土地、士庶归唐，金帛、子女皆归回纥。"这就使得洛阳遭受到很大的破坏。

乾元元年（公元758年）九月，唐肃宗命郭子仪和河东节度使李光弼等九节度使率60万大军围攻相州，讨伐安庆绪。参与作战的九节度使中，郭子仪和李光弼战功最多，威信也最高，肃宗不愿将军权交给他们，因此不设主帅，只命宦官鱼朝恩为"观军容宣慰使"，统帅大军、总揽全局。安禄山部将史思明率13万大军赶来救援安庆绪。乾元二年（公元759年）三月，叛军与唐军展开激战。宦官鱼朝恩根本不懂兵法，不知用兵之道，所以致使唐军大败。鱼朝恩却将相州失利的责任全部推到郭子仪身上。肃宗不加详查，立即罢免了郭子仪的兵权。与此同时，安史叛军再次发生内乱，史思明杀死安庆绪，自称大燕皇帝。同年五月，史思明从李光弼手中攻取了洛阳。占据洛阳后不久，史思明又被自己的儿子史朝义所杀。

在朝中，自鱼朝恩之后，肃宗开始宠信宦官李辅国、程元振等人，宦官势力日益膨胀。肃宗同时还宠信皇后张良娣，纵容她干预朝政。张皇后和李辅国起初沆瀣一气，结为一党。后来，张皇后因妒恨李辅国专权，打算谋立越王李系为嗣君，因此张皇后、李系与李辅国、程元振开始走向对立。

公元761年四月中旬，肃宗病重，接连数月不能上朝视事。张皇后召见太子，对他说："李辅国久掌禁兵，权柄过大，他心中所怕

的只有我和你。眼下陛下病危，他正在勾结程元振等人阴谋作乱，必须立即先诛杀他们。"太子流着泪说："父皇病情正重，此事不宜向他奏告，如果我们自行诛杀李辅国，父皇一定震惊，于他贵体不利，我看此事暂缓再说吧。"张皇后送走太子之后，又立马召肃宗次子越王李系入内宫商议。李系当即命令宦官段恒俊，从太监中挑选了200多名强健者，预备伺机刺杀李辅国。不料有人将此情报密报了李辅国。李辅国、程元振带着党徒到凌宵门打探消息，正好碰上太子要进宫探望肃宗。李辅国谎称宫中发生变故，阻止太子入宫，并命令党徒将太子劫持进飞龙殿监视起来。随后，李辅国假传太子命令，下令禁兵入宫将李系、段恒俊等人抓获。张皇后闻讯后，慌忙逃入肃宗寝宫躲避。李辅国带兵追入寝宫，逼迫张皇后出宫，张皇后向肃宗哀求救命。肃宗遭受如此惊吓，一时说不出话来，李辅国乘机将张皇后拖出宫去。肃宗因受惊过度，病情陡然加重，于当日死于长生殿。

唐肃宗为政期间，宠信奸党，致使宦官当道、皇后乱政，进一步加速了大唐王朝的衰亡。

唐代宗李豫有哪些重要作为？

唐代宗李豫，初名李俶（chù），是唐肃宗李亨的长子。肃宗被李辅国惊死之后，李豫继位。在位时间为公元762~779年，最后病死，终年53岁，死后葬于元陵（今陕西省富平县西北15千米的檀山）。

李豫最初被封为广平王，后又进封为楚王。马嵬驿事变之后，

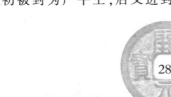

李豫追随肃宗北上，被任为兵马大元帅，全权统筹收复两京事宜。公元758年，李豫被立为皇太子。起初，肃宗皇后张良娣与宦官李辅国相互勾结，互为朋党，后来因争权产生罅隙。张皇后本想杀死李辅国，废掉李豫，改立自己的儿子。公元762年四月，李辅国与程元振将张皇后杀死，肃宗也因此被惊死。同月，李辅国拥立李豫为帝，改年号为宝应。

唐代宗继位之后，李辅国因拥立有功，恃功骄横，竟然对代宗说："陛下只须深居宫中，外面的政事皆由老奴来处理即可，无需陛下操心。"代宗尽管心中不满，但是慑于李辅国手握兵权，也只得委曲求全，尊称他为尚父（可尊尚的父辈），事无巨细，都要与他商量之后才能决定。不久，代宗乘李辅国不备，派人装扮成盗贼刺杀了李辅国，然后假装下令追捕盗贼，并派出使者慰问其家属。

宝应元年（公元762年）十月，代宗任命雍王李适为统兵元帅、朔方节度使仆固怀恩为副元帅，并向回纥借兵10万，攻打再次被叛军占领的东京洛阳，史朝义败走莫州（今天河北任丘北），史朝义部将李宝臣、李怀仙、田承嗣等率部相继归降。广德元年（公元763年）正月，史朝义在众叛亲离的情况下自缢而亡，自此，唐朝彻底平定了延续7年零3个月的安史之乱。尽管叛乱被平息，唐朝也由此大伤元气，开始由强盛转向衰落。唐朝面临东有藩镇割据，西有吐蕃侵犯，北有回纥以马匹高价交换的三面交困的局面。代宗本人又十分迷信佛教，怂恿寺院占据大量良田美宅，致使国家经济状况每况愈下。

由于讨伐安史叛军的需要，西部的军队大部分被撤回，吐蕃

乘虚深入内地，大举攻唐，并且先后占领了陕西凤翔以西，分州以北的10余州。广德元年十月，吐蕃又占领了奉天(今陕西乾县)，兵临长安城下，吓得代宗逃往陕州避难。于是，吐蕃占领了长安，他们将唐宗室广武王李承宏立为皇帝，作为自己的傀儡和工具，烧杀抢掠，长安被洗劫一空。

危急关头，代宗任用郭子仪为副元帅(雍王李适为挂名元帅)，迎击吐蕃。郭子仪积极谋划，组织兵力反击吐蕃。郭子仪命令长孙全绪率领200骑兵出陕西蓝田，白天击鼓扬旗，夜晚点火以为疑兵。同时又令数百人化装潜入长安，组织城里人到处传宣扬："郭子仪亲率大军来了！"吐蕃惊恐，不战而走，全部撤离长安。陷落15天的长安又被唐军收复。

公元763年十二月，代宗返回长安，郭子仪伏地请罪，代宗说道："朕没有及早用卿，所以才到这种地步。"而且赐给郭子仪一铁券(免死牌)，并在凌烟阁为他画像，以表彰他的功绩。

自安史之乱以后，大唐王朝内部矛盾重重，一波未平，一波又起。广德元年(公元763年)，仆固怀恩叛唐。永泰元年(公元765年)八月，仆固怀恩引吐蕃、回纥共计30万大军从华阴向蓝田进发，直取长安。代宗急召郭子仪，并命他屯驻长安北面的泾阳城，此间仆固怀恩突然暴病。郭子仪单枪匹马游说回纥，并且大破吐蕃，使大唐王朝再一次转危为安。

郭子仪因多次受命于危难之际、拯救大唐于水火之中，所以成为流芳百世、名垂青史的一代名将。郭子仪之子郭暧娶了唐代宗的女儿升平公主为妻。一次，小夫妻因发生口角，郭暧一怒之下

打了升平公主,并且急不择言地说:"你倚仗你父亲是皇帝吗?我父亲还不愿意当皇帝呢?"听了这句大逆不道之言,公主哭着回宫告状。闻听此言,代宗劝女儿道:"他父亲不爱当皇帝是实情,要不然,天下哪里还能姓李?"面对负荆请罪的郭氏父子,代宗安慰道:"儿女闺房琐事,何必计较,老丈人权作耳聋,当做没听见这回事算了。"郭子仪谢过皇恩,回家后还是将儿子痛打了一顿,小两口又和好如初了。这就是戏曲艺术里"打金枝"的历史原型。

公元779年五月,代宗病重,不久病死于长安宫中的紫宸内殿。

为什么说唐德宗李适一生充满了矛盾?

唐德宗李适(适,读音为kuò),是唐肃宗的长孙、唐代宗的长子。在位时间为公元779~805年。在位期间,先后用过建中(公元780~783年)、兴元(公元784年)、贞元(公元785~805年)3个年号。

天宝元年(公元742年)四月十九日,李适生于长安大内宫中。代宗即位之初,李适被任命为天下兵马元帅,一肩挑起扫灭安史余孽的重担。平叛以后,李适因功被拜为尚书令,与名将郭子仪,李光弼等一同被赐予铁券。

公元764年正月,李适以长子身份被立为太子。公元779年五月,代宗病逝,皇太子李适即位称帝,是为唐德宗。德宗在位整整26年。纵观德宗一生,无论是他的性格,还是他的行为,都充满了矛盾和悲剧的色彩:

（1）由即位之初信任宰相演变为对大臣的猜忌，并逐渐形成了拒谏饰非、刚愎自用的性格。

朝廷里频频发生人事变动，尤其是频繁地更换宰相，使德宗在位时期的朝政，即使偶尔能呈现出令人鼓舞的新气象，也只不过是昙花一现。人事的纷争使德宗徒有一腔抱负，最终未能实现救国兴邦之志。

（2）由武力削藩转为对藩镇姑息。

德宗即位之初，一直试图削夺拥兵自重的地方藩镇节度使的权力。公元782年，冀王朱滔、赵王武俊、齐王李纳以及魏王田悦，联合起来对抗朝廷，同时淮西节度使李希烈也和他们勾结。战火蔓延，东都告急。调往淮西的平叛泾原兵马途径长安时，由于没有得到赏赐并且饭菜粗糙，发生哗变，史称"泾师之变"。德宗仓皇出逃到奉天，泾原兵马拥立朱滔兄长朱泚为大秦帝。朱泚进围奉天，前线李晟、朔方节度使李怀光等军从河北撤军勤王，德宗的削藩之战被迫终止。

（3）对内廷宦官由即位之初的"疏斥"转变为后来的委重。

德宗的父亲代宗，是由宦官拥立，因此对宦官非常宠信，尤其是派往各地出使的宦官，任由其公开索贿、搜刮民财。德宗为皇太子时就深知其中的弊端，所以即位之初，就下决心加以整治。

德宗即位后，总的情况是"疏斥宦官"而亲近朝廷官员的。但在遭遇"泾师之变"出逃避难的过程中，德宗逐渐改变了对宦官的态度。原因是他一向信用的禁军将领在叛军进城时竟然不能召集到一兵一卒保卫宫室，而他仓促逃亡时身边最可以依赖的，竟然

是自己在东宫时的内侍宦官窦文场和霍仙鸣及其所率的百余名宦官。渐渐地，德宗开始将统领禁军的事宜交给窦文场和霍仙鸣等人，这足以说明他已经改变了即位之初疏斥宦官的态度。

德宗对宦官态度的转变，使宦官成为了德宗以后政治中枢当中重要的力量。德宗之后的唐朝皇帝当中，诸如他的儿子顺宗、孙子宪宗以及后来的敬宗、文宗等都是死于宦官之手。这一状况的最终形成，是与德宗对宦官态度的改变有直接关系的。

（4）由即位初期的节俭和禁止各地进献转变为喜欢财物与大肆聚敛。

德宗即位之初，曾经诏告天下，停止诸州府、新罗、渤海岁贡鹰鹞。又隔一天，德宗又诏令山南枇杷、江南柑橘每年只许进贡一次以供享宗庙，其余的进贡一律停止。几天后，他连续颁布诏书，宣布废止南方一些地方每年向宫中进贡奴婢和春酒、铜镜、麝香等。为了显示自己节俭的决心，德宗还下令将文单国（今老挝）所献32头舞象，放养到荆山之阳。为了显示皇恩浩荡，德宗还诏令放出宫女百余人。德宗的改作，确实显示出新君登临大宝以后的新气象。

然而，好景不长！自从因朱泚之乱出逃奉天以后，德宗似乎意识到钱财的重要性，他开始改变了态度。从那时起，他不仅开始喜欢钱财，而且还主动地要求向他进贡。此外，德宗还常常派中使宦官直接向政府各衙门以及地方公开索取，称为"宣索"。

从禁止地方额外进贡到大肆聚敛钱财，德宗不但改变了他的财政政策和用人政策，也给他的治国为君之道带来了一片骂名。

德宗在位前后施政风格出现的巨大反差和矛盾，表面上看显示出这位自幼生于安逸后又饱经乱离的壮年天子的政治品性，更深层次来看则反映出大唐王朝在这一历史时期的政治面貌。

公元805年正月，德宗最后一次接受群臣的朝贺，太子李诵因病未能前来，成为德宗最大的遗憾，从这天起，他的身体状况急剧恶化。当月23日，64岁德宗撒手西归。

唐顺宗李诵有哪些与众不同的地方？

唐顺宗李诵是德宗的长子，公元761年正月十二日出生于长安，大历十四年（公元779年）立为皇太子。贞元二十一年（公元805年）即位称帝，改元永贞。在唐朝的皇帝中，顺宗是特征最为鲜明的一位，这主要是基于以下几方面原因：

（1）居储君时间最长。他做太子的时间长达26年（公元779~805年）。

（2）在位时间最短。顺宗即位的同年八月，宦官俱文珍等勾结部分官僚和藩镇，逼其退位，传位于太子李纯，史称"永贞内禅"。顺宗在位的时间还不足200天。

（3）为后世留下了一场说不尽的革新运动。顺宗即位以后，任用王伾、王叔文为翰林学士，在韩泰、韩晔、柳宗元、刘禹锡、陈谏、凌准、程异、韦执宜等人的支持下，改革德宗以来的弊政，贬斥贪官，废除宫市，停止盐铁进钱和地方进奉，并试图收回宦官兵权，史称"永贞革新"。顺宗传位以后，仅隔一天，新的当政者，就对"二王"集团清算，二王（王伾，王叔文）被贬，韩晔、韩泰、陈谏、刘

禹锡,柳宗元等八人接连被贬为司马。因此,此次改革事件也称为"二王八司马"事件。

(4)在所有的唐朝皇帝中,只有顺宗留下了完整的《顺宗实录》,共5卷,由韩愈编撰。

(5)"永贞"的年号是在顺宗退位以后才改的。

公元806年正月初一,顺宗在兴庆宫接受儿子和群臣的朝贺,同时也接受了加给他的"应乾圣寿太上皇"的尊号。正月十九,年仅46岁的顺宗在兴庆宫咸宁殿死去。

为什么说唐宪宗李纯是个奋发有为的皇帝?

唐宪宗李纯,原名李淳,被立为皇太子后改名为"纯"。李纯是唐顺宗的长子,大历十三年(公元778)二月十四日出生在长安宫中。宪宗即位之后,经常阅读历朝实录,每读到贞观、开元之时,他就仰慕不已。宪宗以祖上圣明之君为榜样,悉心总结历史经验,注重发挥贤臣的作用,敢于任用和倚重宰相。宪宗在位15年间,勤于政事,君臣同心同德,从而开创了唐朝中兴的局面。

宪宗是个奋发有为的皇帝。他即位之后,把"太宗之创业"、"玄宗之致理",都当作自己效法的榜样。为了改变朝廷权力日益削弱、藩镇权力日益膨胀的局面,他大力提高宰相的权威,平定藩镇的叛乱,从而开创了"唐室中兴"的盛况。

宪宗最主要的功绩是改变了对藩镇的姑息政策。元和元年(公元806年),宪宗即位之初,西川节度使刘辟就起兵叛乱。宪宗派左神策行营节度使高崇文、神策京西行营兵马使李元奕等率军

前去讨伐。刘辟屡战屡败，最后兵败被俘，被送到长安斩首。

元和九年（公元814年）九月，彰义（淮西）节度使吴少阳死，其子吴元济匿丧不报，自掌兵权。朝廷派使者前去吊祭，吴元济拒而不纳，随即又举兵造反，威胁东都。次年正月，宪宗决定进兵淮西。淮西节度使驻蔡州汝阳（今河南汝南），地处中原地区，战略地位非常重要。自李希烈以来，一直保持半独立状态，宪宗对此地用兵，正体现了他改变这种状态的决心。

宪宗决定对淮西用兵，影响非常大。淄青节度使李师道感到威胁，就采取表面上助官军讨吴元济，背地里支持吴元济的两面派手法，以图巩固自己的地位。他首先派人暗中潜入河阴漕院（今河南荥阳北），杀伤10多人，烧钱帛30余万缗匹，谷3万余斛，把江、淮一带集中在这里的租赋都烧毁了。接着，他又派人到京师暗杀了力主对淮西用兵的宰相武元衡。随后，他又派人潜入东都，打算在洛阳焚烧宫阙，杀掠市民，因为事情败露未能得逞。

李师道的恐怖手段，虽然也曾使一部分人产生了动摇，但宪宗始终坚持用兵。元和十二年（公元817年）七月，宪宗命令裴度以宰相兼彰义节度使的身份前往淮西。裴度立即奔赴淮西，与随邓节度使李愬等人，大举进攻吴元济。九月，李愬军首先攻破蔡州，大败淮西军。吴元济在毫无防备之下束手就擒。持续三年的淮西叛乱宣告结束。

吴元济败死之后，李师道由于忌惮，于是献地归顺朝廷，不久再次举兵叛唐。元和十三年（公元818年）七月，宪宗调宣武、魏博、义成、武宁、横海诸镇节度使率大军讨伐李师道。在大兵压境

的情况下，李师道内部发生内讧，其都知兵马使刘悟杀死李师道，并率部归降唐军。

元和十四年（公元819年）七月，宣武节度使韩弘入朝，并两次贡献大量绢帛、金银、马匹，要求留在京师。宪宗任命韩弘为守司徒兼中书令，另以吏部尚书张弘靖充任宣武节度使。

上述这些情况，都说明宪宗在削弱藩镇势力，加强中央集权方面是卓有成效的。但是，在其他方面，还有很多问题都没有得到解决。元和十四年（公元819年）库部员外郎李渤上疏说："臣出使经行，历求利病。窃知渭南县长源乡本有四百户，今才一百余户，乡县本有三千户，今才一千户，其他州县大约相似。访寻积弊，始自均摊逃户。凡十家之内，大半逃亡，亦须五家摊税。似投石井中，非到底不止。摊逃之弊，苟虐如斯，此皆聚敛之臣剥下媚上，唯思竭泽，不虑无鱼。"大意是说，官僚地主的剥削和压迫，致使广大农民的逃亡，影响了生产的发展。因此，他向宪宗申明："夫农者，国之本，本立然后可以议太平。"而对于这些根本问题，宪宗都没有拿出有效措施予以解决。由此可见，所谓的"元和中兴"，并没有真正恢复唐朝富强繁荣的局面。

元和十五年（公元820年），宪宗被宦官陈宏进所杀，享年43岁。

为什么说唐穆宗李恒是一个荒唐的皇帝？

唐穆宗李恒，初名宥（yòu），是唐宪宗的第三子。宦官陈宏进杀死宪宗以后，李恒被拥立为皇帝，在位4年。因长年服用金石

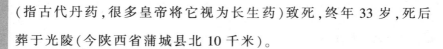
（指古代丹药，很多皇帝将它视为长生药）致死，终年 33 岁，死后葬于光陵（今陕西省蒲城县北 10 千米）。

穆宗即位时已经 26 岁。对于壮年登基的皇帝来说，如果想在政治上有一番作为，这正是一个好年龄，唐太宗是在 29 岁登基，唐玄宗则是在 28 岁。如果想饱食终日、整天寻欢作乐，这也是一个无人可以比拟的好年龄。然而穆宗没有效仿太宗、玄宗的励精图治，而是选择了纵情享乐。

穆宗即位以后，首先将犯有自己名讳的地名等统统改掉，比如将恒岳（恒山）改为镇岳，把恒州改为镇州，将定州的恒阳县改为曲阳县等等。

穆宗奢靡浮华，整日沉浸于声色犬马之中，嬉戏无度，尤其喜欢看戏。有一次，他游华清宫，亲自率领神策军围猎。回宫以后，他又马上与太监玩球，此时，忽然有一人从马上摔了下来，马因受惊直奔穆宗而来，所幸有左右救护，穆宗才没有受伤。但穆宗受此惊吓之后就得了病，两脚抽搐不能着地。于是他效法宪宗长年服用金石。臣下屡次劝谏，穆宗口头上接受，实际上却依然服用，不肯间断，最后导致身体受损。公元 824 年正月，穆宗病死于长安宫中的清思殿。

为什么史书称赞唐文宗李昂"恭俭儒雅，出于自然"？

唐文宗李昂，唐穆宗的次子，唐敬宗的弟弟，本名李涵，生于公元 809 年，卒于公元 840 年，在位时间为公元 827~840 年。宦官

先后杀死敬宗和李悟（唐宪宗李纯第六子）之后，立李昂为帝。文宗最终因被宦官软禁抑郁而死，终年32岁，死后葬于章陵（今陕西省富平县西北10千米处天乳山）。

文宗在位期间，去奢从俭，勤于政务，希望能像先祖那样成为一代明君。文宗不仅倡导节俭，革除奢靡之风，而且自己身体力行。即位之初，文宗即下令释放宫女、太常音声人，各地额外的进献和上供的奇珍异物基本上停止，五坊的鹘鹰玩物和游猎之事也都废止。他自己的饮食也从不铺张浪费，尤其是遇到各地发生灾荒的时候，文宗更是主动地减膳。十月十日是文宗的生日，这一天被立为"庆成节"，文宗也不允许宰杀猪牛，只允许食用瓜果蔬菜。文宗不仅以身作则，而且推己及人，严禁臣下衣着豪华。曾经有一位驸马戴了很贵重的头巾，文宗立即提出批评。有一位公主在参加宴会时穿的衣裙超过了规定，他就下令扣除驸马两个月的薪俸以示惩戒。还有一位官员，曾穿着桂管布做的衣服拜见皇上（桂管布是桂林地区生产的一种木棉布，布厚而粗糙），文宗看他穿如此衣衫，就认定此人是个忠正廉洁的臣子。他自己随后也做了一件桂管布的衣服，使得文武百官们纷纷效仿。文宗穿着朴素，有一次他对臣下说："我身上的衣服已经洗了三次了。"大臣们都赞誉皇上节俭的美德。能够注意节俭，对于一个封建皇帝来说实在是难能可贵的，因此史书上称赞文宗"恭俭儒雅，出于自然"。

唐武宗李炎为什么要大举灭佛？

唐武宗李炎，本名瀍（chán），临死前改名炎。唐穆宗第五子，

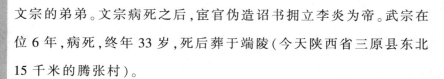

文宗的弟弟。文宗病死之后，宦官伪造诏书拥立李炎为帝。武宗在位 6 年，病死，终年 33 岁，死后葬于端陵（今天陕西省三原县东北 15 千米的腾张村）。

唐武宗是中唐继宪宗之后又一位比较有作为的皇帝。武宗即位后立即粉碎了另一派宦官刘宏逸等人的政变，又杀死了文宗的皇太子李成美。由于牛党不支持武宗即位，他就任命李党的首脑李德裕为宰相。

武宗即位之后，先稳住仇士良（唐文宗时当权宦官），并以其拥立之功封他为楚国公。不久，武宗免去仇士良在禁军中的职务，后来还让他退休。武宗朝虽然再没有那种专横跋扈的宦官了，但他还是没有根本解决宦官问题。

武宗重用李德裕，对藩镇采取强硬措施，对不听朝廷号令的泽潞节度使刘稹兴兵讨伐，结果大获全胜，使包括河朔三镇的诸节度使又重新在形式上向朝廷臣服。

武宗一生做得最绝的一件事就是会昌灭佛。武宗灭佛，历史上称之为"会昌法难"，与北魏太武帝和北周武帝的灭佛合称为"三武之厄"。

唐朝建国以后，以道教为国教，然而佛道之争一直没有间断过。武宗在尚未登基之前就非常喜好道术，即位以后更是崇尚道术，他将太上玄元皇帝老子的降诞日（二月二十五日）定为降圣节，全国休假一天；还在宫中设立道场，在大明宫修筑望仙台，拜道士赵归真为师，对他们的长生不老之术和仙丹妙药非常迷信。

武宗灭佛，主要原因有 2 个：①武宗的个人原因，武宗崇尚道

教,对道士赵归真等非常信任,武宗自己也认为佛僧的存在影响了他修炼成仙。②是当时寺院占据了大量的土地和劳动力,而且不交赋税。武宗曾对宰相李德裕说:"……我与之(道士赵归真)言,涤烦尔,至于军国政事,唯卿等与次对官论,何须问道士。非直一归真,百归真也不能相惑。"由此可见,唐武宗的政治头脑并没有被宗教思想所迷惑,他不可能为扶植道教去打击佛教。"会昌灭佛"不是宗教斗争的结果,而是世俗政府对势力过于膨胀以至于影响到社会经济的佛教组织的一次打击行动。

从会昌二年(公元842年)十月起,武宗下令凡违反佛教戒律的僧侣一律还俗,并没收其财产。这期间曾有个僧人自称能够做"剑轮",并能打败敌军,武宗允许他试做,结果没能做成,于是把他杀了。此后,武宗陆续下令限制佛寺的僧侣人数,不得私自剃度,限制僧侣蓄养奴婢的数量,很多寺院都被拆毁,大量的僧侣被强迫还俗。会昌五年(公元845年),武宗又开始了更大规模的灭佛。他下令僧侣40岁以下者全部还俗,不久又规定为50岁以下,很快连50岁以上的如果没有祠部的度牒也要还俗,就连天竺和日本来的求法僧人也被强迫还俗。

根据武宗的旨意,在全国除保留部分寺院外,其余的全都拆毁。武宗这次大规模的灭佛,全国一共拆除寺庙4600多所,僧尼26万余人还俗成为国家的两税户,没收寺院所拥有的膏腴上田数千万顷,没收奴婢为两税户15万人,另外还强制大秦穆护、祆3000余人还俗。武宗灭佛沉重打击了寺院经济,增加了政府的财政收入,扩大了国家的经济来源。

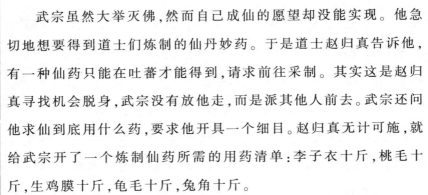

武宗虽然大举灭佛，然而自己成仙的愿望却没能实现。他急切地想要得到道士们炼制的仙丹妙药。于是道士赵归真告诉他，有一种仙药只能在吐蕃才能得到，请求前往采制。其实这是赵归真寻找机会脱身，武宗没有放他走，而是派其他人前去。武宗还问他求仙到底用什么药，要求他开具一个细目。赵归真无计可施，就给武宗开了一个炼制仙药所需的用药清单：李子衣十斤，桃毛十斤，生鸡膜十斤，龟毛十斤，兔角十斤。

赵归真的用药清单其实是一个永远无法备齐的单子，武宗早已鬼迷心窍，竟然下令各地求购。由于武宗长期服用所谓的仙丹妙药，身体受到极大损伤。在药物的作用下，武宗开始变得面容憔悴、性情乖张。赵归真告诉他这是在脱胎换骨，属于正常现象。尽管身边的人都规劝武宗少服用丹药，但他根本听不进去。

会昌六年（公元846年）的新年朝会，由于武宗病重没有如期举行。这时候，道士们依然鬼话连篇欺骗武宗，他们告诉武宗，生病的主要原因是皇帝的名字"瀍"从"水"，与唐朝崇尚土德不合。土胜水，"瀍"名被土德所克制，因此应该改名为"炎"，炎从"火"，与土德相合，可以消除灾祸。于是，武宗改名为李炎。然而，改名并没有给武宗带来吉祥和好运，反而病情日趋加重。会昌六年三月二十三日，宫中传出武宗驾崩的消息。武宗成为太宗、宪宗、穆宗之后，又一位因为服食仙丹妙药而死的皇帝。

唐宣宗李忱为什么被称为"小太宗"？

唐宣宗李忱，初名李怡，唐宪宗的第十三子，唐武宗的叔叔，

武宗病死以后，宣宗被宦官迎立为帝。综观宣宗 50 年的人生，他为祖宗基业做过不懈地努力，这无疑延缓了大唐王朝走向衰败的步伐，但是他又无力改变历史的走向。宣宗性明察沉断，用法无私，从谏如流，重惜官赏，恭谨节俭，惠爱民物，创造了大唐王朝"夕阳红"的局面，因此被人称为"小太宗"。宣宗在位 14 年，服金石生疽（音 jū，指局部皮肤肿胀坚硬而皮色不变的毒疮）而死，终年 50 岁，死后葬于贞陵（今陕西省泾阳县西北 30 千米仲山）。

唐宣宗即位之初，面临是一个宦官专权、朋党相争、藩镇割据的残破局面，可以说，历史留给他的政治空间已经非常狭小，然而，唐宣宗在这个狭窄的历史舞台上，凭借自己非凡的睿智和决断，励精图治，为大唐王朝抹上了最后一缕灿烂的夕阳。

宣宗勤于政事，孜孜求治。宣宗非常崇拜太宗李世民，喜欢读《贞观政要》。他对于政事的关心超过其他任何事情，经常召见大臣谈论政事，探求治国之道。他经常在深夜把翰林学士令狐绹召入禁中长谈，宣宗处理政事非常细致，往往明察秋毫，使大臣们非常紧张。令狐绹在宣宗朝任宰相最长，他深有体会地说："我十年秉政，最承恩遇，然而每逢延英殿奏事，未尝不汗透衣衫。"

宣宗选拔人才，唯才是举，不循私情。大中九年春，宣宗在出游途中遇到醴泉县百姓祈祷，希望任期届满的县令留任。宣宗牢牢记住这个县令，当其所在州刺史空缺时，就任命他为刺史。而对那些目无法纪、仗势欺人、欺压百姓的所谓"人才"，则毫不留情，即使是亲属也决不姑息，唐宣宗的舅舅郑光是节度使，宣宗与郑光讨论为政之道，郑光应对鄙浅，宣宗很不高兴，于是郑光被罢

职。有一次,宣宗患病卧床,不思饮食,医工梁新为他悉心治疗。经过数日的医治,宣宗的病情大有好转。宣宗很想赏赐这个医工一些东西,于是他问梁新想要点什么,梁新向宣宗提出给自己一个官职。宣宗有些气愤,官位是国家重要职位,是为士人准备的,一个医工根本不具备这方面的才能和资质。因此宣宗只是每月让盐铁使额外支付 300 缗钱来酬劳梁新。

宣宗勤俭治国,身体力行。宣宗即位后立即大赦天下,释放部分宫女,停止营造修建工程,以示自己勤俭治国的决心。以往皇帝出行,宦官会先以龙脑、郁金铺地,宣宗则下令取消这些礼仪。宣宗在后宫中都穿洗过数次的旧衣服,日常吃饭也只是几道菜。他还严格要求宗室子弟遵循制度。大中二年(公元 848 年)十一月,唐宣宗把爱女万寿公主嫁给起居郎郑颢。出嫁时,官府遵循旧制,打算用银来装饰车辆,宣宗说:"吾欲以俭约化天下,当自亲者始。"于是下令改用铜。并吩咐公主到婆家行新妇之礼,要

按照一般大臣家中习俗进行,告诫女儿决不能轻视夫家的人,不得干预时事。还特意亲手写了一道诏书,送给女儿:"假如违背我的训导,势必就有太平(高宗之女)之祸、安乐(中宗之女)之祸!"但公主作为金枝玉叶,毕竟一时难以适应普通妇女的生活。有一次,郑颢的弟弟得了重病,宣宗派人去探望。使者回来后,宣宗问他:"公主在哪里?"使者回答:"到慈恩寺看戏去了。"宣宗大怒,叹气地说:"怪不得士大夫家不乐意和我家通婚,的确有原因啊!"并下令立即召万寿公主进宫。万寿公主进宫后,被勒令站立在台阶下面,宣宗连看都不看她一眼。公主害怕了,哭着承认错

误。宣宗责备她说:"哪有小叔子病了,做嫂子的不去探视,竟然去看戏的道理!"经过这件事之后,宣宗在世时,贵戚们都比较守礼法了。

宣宗的殚精竭虑和励精图治得到了一定程度的回报,唐朝国势有了起色,社会矛盾有所缓和,百姓生活有所改善,社会呈现出一片"中兴"局面。特别是宣宗趁张议潮回归之机,一举收复了沙州(今甘肃敦煌)、瓜州(今甘肃安西)、伊州(今新疆哈密)、西州(今新疆吐鲁番)等失地,使唐朝重新获得了河西走廊的控制权,实现了西北边陲的长治久安,使因安史之乱而中断的丝绸之路重新贯通。

宣宗在位14年,为稳固大唐基业做了不懈的努力,开创了被后人称为"小贞观"的"大中之治",为日薄西山的大唐帝国抹上了最后一道璀璨夺目的晚霞。司马光在《资治通鉴》中评价宣宗说:"明察沉断,用法无私,从谏如流,重惜官赏惠爱民物,故大中之政,讫于唐亡,人思咏之,谓之小太宗。"

然而,夕阳再绚烂,毕竟无法阻挡黑夜的降临。48年后,大唐王朝灭亡。

为什么说唐懿宗李漼是个昏庸的皇帝?

唐懿宗李漼,唐宣宗的长子,初名李温。宣宗病死后,李漼被宦官迎立为帝,是为唐懿宗,改元"咸通"。懿宗在位15年,终年41岁,死后葬于简陵。

唐懿宗李漼是唐朝最后一个以长子即位而且是最后一个在

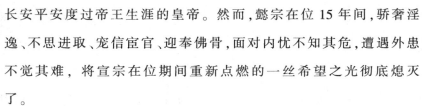

长安平安度过帝王生涯的皇帝。然而，懿宗在位15年间，骄奢淫逸、不思进取、宠信宦官、迎奉佛骨，面对内忧不知其危，遭遇外患不觉其难，将宣宗在位期间重新点燃的一丝希望之光彻底熄灭了。

《新唐书》的作者说懿宗是"以昏庸相继"，正是对他的综合评价。之所以说唐懿宗昏庸，主要有以下几方面的体现：

1.沉湎游乐

懿宗在位期间，对宴会、乐舞和游玩的兴致远远超过国家政事。懿宗在宫中，每日一小宴，三日一大宴，每个月在宫里总要大摆宴席十几次。懿宗除了饮酒，就是观看乐工优伶演出，他一天也不能离开音乐，就是外出到四周游玩，也会带上这些人。懿宗宫中供养的乐工有500人之多，只要他高兴，就会对这些人大加赏赐，动不动就是上千贯钱。他在宫中玩腻了，就到长安郊外的行宫别馆。由于他来去不定，行宫负责接待的官员随时都要备好食宿。那些陪同出行的亲王，也要随时备好坐骑，以备懿宗随时可能招呼他们外出，搞得大家苦不堪言。懿宗每次出行，宫廷内外的扈从多达10余万人，费用开支非常巨大，这成为国家财政的一项沉重负担。对于懿宗的游玩无度，担任谏官的左拾遗刘蜕屡次提出劝谏，希望懿宗能以天下为重，对此，懿宗一个字也听不进去。

2.任相不明

懿宗即位之初罢免了令狐绹（táo），改任了白敏中。白敏中是前朝老臣，但在入朝时不慎摔伤，一直卧病在床无法办公。他曾三次上表请求辞职，懿宗都没批准。白敏中有病在身，正合懿宗心

意,懿宗可以借故不理朝政,与其他的宰相讨论政事也只是敷衍了事。所以有位担任右补阙的谏官王谱说:"白敏中自正月卧病,已有四个月了。陛下虽然也和其他的宰相坐语,但未尝有到三刻(古代1昼夜为100刻)的。这样,陛下哪有闲暇和宰相讨论天下大事呢?"懿宗听了这番话觉得很不舒服,竟把王谱贬为了县令。负责行使封驳权力的给事中认为王谱是谏官,于情于理都不应当贬斥,就按照唐朝的制度退回了这一命令。于是懿宗将此事交给宰相复议,那些宰相不顾国家体制,认为王谱不仅是对皇上劝谏,也涉及到宰相白敏中,竟然同意将王谱贬职。

懿宗在位期间,一共任用了21位宰相:令狐绹、白敏中、萧邺、夏侯孜、蒋伸、杜审权、杜悰、毕诚、杨收、曹确、高璩、萧真、徐商、路岩、于琮、韦保衡、王铎、刘邺、赵隐、萧仿、崔彦昭。由于懿宗自己对政事没什么兴趣,就使得宰相的权力非常大。然而唐懿宗任用的这些宰相不是碌碌无为者,就是爱财如命之辈。懿宗朝的宰相贪污腐败到了极点,长安城中的百姓把其中的曹确、杨收、徐商、路岩等几个宰相的姓名编成了一首歌谣:"确确无论事,钱财总被收。商人都不管,货赂(路)几时休?"

3.不惜官赏

懿宗对于官赏大方到了极点。他赏人官职、赐人钱财,常常是兴之所至、随心所欲。伶官李可及,擅长音律,音辞宛转曲折。懿宗的爱女同昌公主死后,他谱写了一首《叹百年舞曲》,词语凄恻,听到的人涕泪横流,这使懿宗的思念之情深受抚慰。懿宗因此非常宠爱李可及,将他封为威卫将军。授予伶官朝廷官职,这在大唐开

国以来还是头一遭。懿宗授予李可及朝廷官职，很多朝臣提出过异议，但是懿宗根本听不进去。另外，科举取士是唐朝以来最为士子看重的入仕之途，尤其是进士科在唐朝享有崇高的声誉，因此唐人有所谓"三十老明经，五十少进士"之说。本来是每年春天由礼部负责考试选拔，然而，懿宗的亲信则不需要参加礼部考试，直接以"特敕赐及第"的方式被授予进士出身，这一做法显然是出于懿宗个人的好恶。皇帝的敕书代替了礼部的金榜，君主成为赐进士及第者的座主，由于皇帝的恩崇而"登龙门"，因而"禁门就是龙门，圣主永为座主"，在懿宗时期成为人们嘲讽的话题。

4.爱慕虚荣

懿宗是一个极度爱慕虚荣、好大喜功的皇帝，这从他尊号的数字之多就可以看出。尊号，就是为了表功颂德，每逢皇帝加尊号，一定要举行隆重的仪式，向全国颁布诏书，同时举行大赦。咸通三年正月，群臣给懿宗上了"睿文明圣孝德皇帝"的尊号，但是他感觉仍不满足，到咸通十二年正月，再上了12字的尊号：睿文英武明德至仁大圣广孝皇帝。唐朝历代皇帝中，高祖、太宗都没有在活着的时候加尊号，此后皇帝上尊号基本上都是4字或6字，多的也只是8字或10字。玄宗曾给自己加了"开元天地大宝圣文神武孝德证道皇帝"14字的尊号，后来武宗也有14个字的尊号：仁圣文武章天成功神德明道大孝皇帝。由此可见，懿宗的尊号字数几乎可以赶上玄宗和武宗，但是就政绩或治国才干而言，他与玄宗、武宗可谓相差十万八千里呢！

5.亲信公主

懿宗对宗室亲属非常宠幸溺爱,同昌公主就是一个最典型的例子。公主下嫁之日,懿宗倾尽宫中珍奇异宝作为资送,他还在京师的广化里赐给公主一处宅院,门窗均用杂宝装饰,井栏、药臼、槽柜等都是金银制作,就连笊篱箕筐都是用金缕编织成的。床用水晶、玳瑁、琉璃等制成,床腿的支架雕饰也是金龟银鹿。可惜公主出嫁的第二年,不幸染病身亡。懿宗迁怒医官用药无效,将其中两人处死,还将他们满门都下到大牢。一时间朝野议论纷纷,宰相刘瞻希望谏官能上疏进谏,但谏官迫于皇帝的淫威,无人敢引祸上身。刘瞻无奈,只好自己上疏替医官辩护。果不其然,懿宗大怒,立即罢了刘瞻的相职,同时,还把与刘瞻关系密切的朝廷官员贬斥到岭南。懿宗为公主举行了隆重的葬礼,陪葬用的衣服玩具,与活人无异,又用木料雕刻了数座殿堂,陪葬的陶俑和其他随葬品一应俱全,龙凤花木、人畜之众,不可胜数。懿宗不顾国家社稷,随心所欲,对内忧外患却全然不放在心上,一个昏君的嘴脸暴露无遗。

6.崇佞佛教

武宗灭佛以后,佛教势力受到沉重打击。宣宗即位以后,又陆续恢复了寺院。到懿宗时期,佛教势力又迅速膨胀起来。懿宗本人沉溺佛教,广建佛寺,大造佛像,布施钱财无数。在懿宗的倡导下,大规模的法会道场空前兴盛。佛经的大量需求刺激了印刷术的发达,现存世界上最早的印刷品之一就是咸通九年(公元868年)刻印的《金刚经》,今藏于伦敦大英博物馆。懿宗崇佞佛教的高潮是继宪宗之后又一次举行了大规模的崇佛活动——法门寺迎奉佛

骨。

咸通十四年（公元 873 年）三月，懿宗安排迎奉佛骨的诏书一下，立即招致群臣的劝谏。大臣们反对的理由是此举劳民伤财，而且又有宪宗迎奉佛骨之后暴死的前车之鉴，所以大臣们都认为此举不祥。懿宗对此充耳不闻，他对大臣们说："朕能活着见到佛骨，就是死了也没有什么可以遗憾了！"这次迎奉佛骨的规模，比起宪宗时期是有过之而无不及。从京师到法门寺沿途之上，禁军和兵仗绵延数十里，场面之壮观，远远超出皇帝主持的祭天大典。四月八日，佛骨舍利被迎入京城，在宫中供奉 3 天之后，懿宗命人将其送到京城的寺院让百姓瞻仰。

懿宗之所以如此坚决地迎奉佛骨真身舍利，用他自己的话说是"为百姓祈福"，而实际上他是为给自己祈福，是为了让自己"圣寿无疆"，也是为自己祈求平安。然而，佛骨真身舍利并没有给这个倒行逆施的皇帝带来福音。

咸通十四年（公元 873 年）七月十九日，41 岁的懿宗在咸宁殿结束了他骄奢淫逸的一生。次年二月，懿宗被葬于简陵（位于今陕西富平），这时大唐王朝末世的挽歌已经隐约可闻了。

为什么说唐僖宗李儇是一个无所作为的皇帝？

唐僖宗李儇（xuān），初名李俨，唐懿宗的第五子。懿宗病死之后，宦官伪造遗诏立李儇为帝，在位 15 年，病死，享年 27 岁，死后葬于靖陵（今陕西省乾县东北 7.5 千米的鸡子堆）。

唐僖宗李儇，曾被封为晋王。懿宗病重时，宦官刘行深、韩文

约为了便于控制,伪造遗诏立年仅 12 岁的李儇为太子。公元 874 年 7 月,懿宗病死,李儇即位,改年号为"乾符"。

僖宗即位后,朝廷政事皆由宦官田令孜处理,任免官员之类的事情都由田令孜决定而不必奏报皇帝。

当时,土地兼并现象已非常严重,全国一半以上的农民因无田而四处流亡,苛捐杂税繁重,统治集团奢侈无度,加上天灾不断,阶级矛盾异常尖锐,人民大众在死亡线上苦苦挣扎,最终百姓因无法忍受而纷纷揭竿而起,终于导致了唐末农民大起义。公元 875 年,山东人王仙芝与尚让等,首先在长垣起兵。随后,山东菏泽人黄巢也在同年聚数千人起事,与王仙芝遥相呼应。后来两军会合,声势不断壮大。处于水深火热中的贫苦农民纷纷加入义军,起义军很快发展到几万人,并转战山东、河南、湖北等地,给唐军以沉重打击。公元 878 年,王仙芝在黄梅战死。王仙芝余部尚让率军北上与黄巢再度会合,并推举黄巢为"冲天大将军"。横扫淮河南北各地,并乘虚南下渡过长江,镇海节度使高骈率军击败农民军。黄巢率军南下,攻占广州,然后又领军北上,不料在湖北被刘巨容挫败。黄巢起义军转而东进,经安徽马鞍山采石渡过长江北上。

广明元年(公元 880 年)十一月,黄巢击溃唐将高骈主力,杀死唐将张嶙,直取东都洛阳,唐东都留守刘允章被迫归降农民军。起义军由洛阳西进,进逼长安东大门潼关。唐僖宗调集京城禁军和关内节度使的兵士据守潼关,十二月,黄巢率大军来到潼关城下,亲临前线,并命先锋尚让绕潼关背后两面夹攻。当地群众

1000多人自动赶来挖土填壕，支援农民军。黄巢起义军仅用6天时间就攻下了潼关，并迅速向长安挺进。

公元881年1月8日，唐僖宗带着一些近身宦官仓皇逃奔四川成都。同日傍晚，农民军占领唐都长安。同月16日，黄巢在长安称帝，建国号为"大齐"，改年号为"金统"，建立了农民政权，并大肆屠杀长安城内的贵族和唐朝百官，没收富豪财产。然而黄巢没有乘胜追击，也没有消灭关中附近的禁军，而是陶醉在胜利的喜悦之中，从而使逃到四川的唐僖宗有了喘息的机会，唐僖宗很快集结了残余势力，联络各地节度使，向农民军反扑过来。在起义高潮中一些迫于无奈投降的节度使，也乘机倒戈，农民军很快陷入唐军的包围之中。

中和三年（公元883年），黄巢被李克用打败。就在此时，黄巢的部将朱温又以华州降唐，严重削弱了农民军的力量。同年四月，农民军撤离长安，经河南进入山东。中和四年（公元884年）六月，黄巢在莱芜以北狼虎谷与唐将时溥决战，农民军多数阵亡，黄巢兵败自杀。历时9年的唐末农民起义至此结束。

平定农民起义之后，宣武节度使朱温、河东节度使李克用、凤翔节度使李茂贞成为当时最有势力的三大藩镇，从而为唐朝的灭亡埋下了伏笔。

公元885年3月，唐僖宗回到长安后，仍然受制于田令孜。河东节度使李克用率兵进犯长安，要求诛杀田令孜。田令孜劫持唐僖宗逃往凤翔后，便推荐杨复恭为中尉（宦官总管），自领西川监军。不久，田令孜被西川利州刺史王建所杀，唐僖宗这才得以回返

长安。

公元 888 年 3 月，僖宗病死于长安宫中的武德殿。

唐僖宗一生受制于宦官，没有什么作为，是一个名副其实的窝囊皇帝。

唐昭宗李晔是怎么死的？

唐昭宗李晔，原名李杰，又名李敏，唐懿宗的第七子，唐僖宗的弟弟。僖宗病死后继位，在位 16 年，后被朱温杀死，终年 38 岁，死后葬于和陵（今河南省偃师县）。

唐昭宗李晔，曾被封为寿王。唐僖宗几次出逃，李晔都跟随左右，很得僖宗器重。僖宗病危时，由于僖宗的儿子年龄太小，宦官杨复恭建议立寿王李晔为帝。于是僖宗下诏立李晔为皇太弟，代理军国大事，并派宦官、中尉刘季述将他迎入宫中，次日，僖宗病死。公元 888 年 3 月，李晔即位，是为唐昭宗，第二年改年号为"龙纪"。

昭宗在位期间，宦官、朝臣、藩镇为争夺对中央政府的控制权，斗争日常激烈，藩镇跋扈，战乱频繁，皇权日益衰微。

公元 900 年，宦官刘季述、王仲先，枢密使王彦范、薛齐屋"四贵"合谋废黜唐昭宗。一天，乘昭宗酒醉，他们率领禁兵入宫将昭宗囚禁起来，另立昭宗之子李裕为帝。当时力量最强的藩镇是朱温，他早就想谋夺唐朝的江山，看到宦官另立李裕为帝，便派亲信蒋玄晖秘密进入长安，与宰相崔胤秘密策划，于公元 901 年发动神策军（禁卫军），攻杀刘季述等宦官，迎昭宗复位。

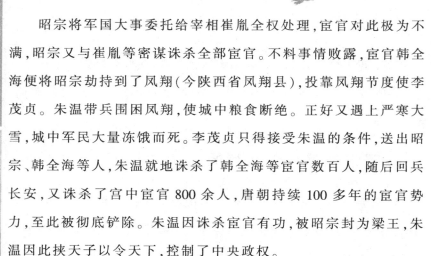

昭宗将军国大事委托给宰相崔胤全权处理，宦官对此极为不满，昭宗又与崔胤等密谋诛杀全部宦官。不料事情败露，宦官韩全海便将昭宗劫持到了凤翔（今陕西省凤翔县），投靠凤翔节度使李茂贞。朱温带兵围困凤翔，使城中粮食断绝。正好又遇上严寒大雪，城中军民大量冻饿而死。李茂贞只得接受朱温的条件，送出昭宗、韩全海等人，朱温就地诛杀了韩全海等宦官数百人，随后回兵长安，又诛杀了宫中宦官800余人，唐朝持续100多年的宦官势力，至此被彻底铲除。朱温因诛杀宦官有功，被昭宗封为梁王，朱温因此挟天子以令天下，控制了中央政权。

公元904年，朱温杀死宰相崔胤，胁迫昭宗从长安迁往洛阳，行至挟州（今陕西省挟县）时，朱温将昭宗随从200多人全部杀死，换上他自己的亲信。昭宗暗暗差人送信出去请求四方藩镇出兵救驾。昭宗路过华州（今陕西省华县）时，百姓夹道高呼万岁。昭宗流着泪回答说："不要朝我呼万岁了，我不再是你们的天子。"到了洛阳之后，昭宗被严密监视起来。这时，藩镇中的晋王李克用、岐王李茂贞、蜀王王建、吴王杨行密等接到了昭宗告难的密信，纷纷发表檄文，虚张声势地声讨朱温，扬言要出兵救出昭宗。朱温见留着昭宗已成祸害，就暗命判官李振赶到洛阳，与自己的养子朱友恭，死党氏叔琮、蒋玄晖等人密谋除去昭宗。

公元904年八月某日夜间，蒋玄晖带领牙官史太等100多人夜叩宫门，谎称有紧急军情要面奏昭宗。守门官裴贞不知是阴谋，打开宫门，史太等一拥而入，杀死裴贞后冲入后宫。蒋玄晖在昭仪李渐荣的房内找到了昭宗，昭宗慌忙单衣赤脚地逃出寝宫，恰好

碰上了史太。李渐荣用身体挡住昭宗，史太一刀将李渐荣杀死，又一刀将昭宗劈死。朱温假装并不知情，伏在灵柩前痛哭流涕。昭宗就这样带着遗恨结束了他悲惨的一生。

为什么说唐哀帝李柷是一个命运悲惨的末代皇帝？

唐哀帝李柷(chù)，原名李祚，唐昭宗的第九子，唐朝最后一位皇帝，在位3年，死时年仅17岁，死后葬于温陵。

唐哀帝从小颠沛流离，在腥风血雨、惶惶不安中过日子。他是唐昭宗的第九个儿子。天佑元年，唐昭宗被朱温谋杀时，朱温立年仅13岁的辉王李祚为皇太子，当天又假托皇后命令让李祚在枢前即位，是为唐哀帝。他即位的那天，宫中一派恐怖气象，皇亲国戚、宫女嫔妃和大臣们都为唐昭宗的惨死悲伤，但没有人敢哭出声来。

唐哀帝即位之后，尊母亲何皇后为皇太后。天佑二年二月初九，唐哀帝刚刚即位半年，朱温就派枢密史蒋玄晖邀请唐哀帝的几个兄弟德王李裕、棣王李羽、虔王李禊、琼王李祥、沂王李湮、遂王李纬、景王李秘、祁王李祺、雅王李缜等，到洛苑九曲池赴宴。宴会当中，突然进来一群兵士，手持粗绳利刃，将他们全部抓获，并活活勒死，尸体投进九曲池中。

14岁的唐哀帝得知兄弟们被朱温杀死后，也不敢放声痛哭，只得在深夜里偷偷抽泣。他只有和母亲何太后相依为命了。

天佑二年冬，何太后见朱温篡位的野心日益暴露，他们母子

俩的生命朝不保夕。一天夜里，何太后哭得十分伤心，派宫女阿虔、阿秋去找朱温的心腹大将蒋玄晖，请他在唐哀帝禅位后保全她母子俩的性命。这事给朱温的另两个心腹王殷、超殷衡知道了。他们向朱温诬告说："蒋玄晖、柳璨、张廷范在积善堂夜宴，对何太后焚香发誓，一定光复唐室。"朱温便把蒋玄晖杀死。几天后，何太后也被王殷、赵殷衡杀死，被杀的还有宫女阿虔、阿秋。朱温还叫唐哀帝下诏将已死的何太后废为庶人。

16岁的唐哀帝孤身一人，周围全是朱温派来监视他的人。不久，柳璨、张廷范也被朱温杀死。

天佑四年春正月，朱温逼迫唐哀帝下诏于二月行禅位之礼，将帝位禅让给朱温。朱温改国号为梁，史称后梁。朱温封唐哀帝为济阴王，迁居曹州。朱温派人在哀帝居住的四周围上荆棘，次年又派人将唐哀帝杀死。

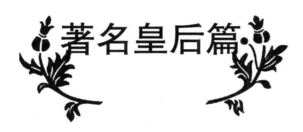

著名皇后篇

唐高祖李渊与窦皇后的姻缘是怎么来的？

窦皇后，唐高祖李渊的皇后，京兆始平（今兴平县）人。北周大司马窦毅的女儿，出身鲜卑贵族。

窦氏善书习文，知书达理，才智超人。她的舅舅北周武帝宇文邕，娶了一个突厥女子做皇后，但并不喜欢她。当时还是稚童的窦氏，私下对武帝说："天下还没有安宁，突厥还很强大，希望舅舅能控制感情，对皇后要爱抚安慰，以百姓利益为重。只要有突厥的援助，那么对付南陈、北齐就不成问题了。"武帝认真采纳了窦氏的意见，从而使北周的势力进一步增强。后来北周外戚杨坚谋朝篡位，年仅7岁的窦氏闻之流涕，哭着说："恨我生不为男子，以救舅氏之难。"

窦氏的父亲窦毅见自己的女儿有这样的远见卓识，于是对妻子（襄城长公主）说："我这个女儿才貌出众，可不能马马虎虎地将她许配人家，应当为她认真选个好丈夫。"于是他就在门屏上画了两只孔雀，贵族子弟前来求婚的，就给他两枝箭一张弓，射门屏上的孔雀。她与妻子暗地里约定，谁能射中孔雀的眼睛，就将女儿许配给谁。前后几十人都没有一个能射中。最后一个是李渊，他射了两箭，各中一眼。窦毅非常高兴，就把女儿嫁给了李渊。这就是"雀屏中选"典故的由来。

窦氏嫁给李渊以后，一直是李渊的得力助手，隋大业年间（公元605~617年），李渊任扶风太守时，得到几匹骏马。窦氏对李渊说："皇上（炀帝）喜好猎鹰骏马。你是知道的，这些骏马可以进献，不能长期放在这里，如果有人告你一状，你必然因此招祸，希

望你慎重考虑。"李渊拿不定主意，结果果然为此遭到贬谪处分。后来，李渊想起窦氏的话，这才多次寻觅猎鹰骏马去进献给炀帝，从而得以保全了自己，并很快被升为将军。

窦氏嫁给李渊后，生有建成、世民、玄霸、元吉四子，另有平阳公主一女。隋大业年间，窦氏在涿郡去世，时年45岁。唐朝建立之后，窦氏被追封为皇后。唐高宗上元元年八月，上尊号为"太穆顺圣皇后"，史称"太穆窦皇后"。

为什么说唐太宗的成就里有一半功劳是属于长孙皇后的？

人们常说："一个成功的男人背后站着一个伟大的女性。"唐太宗大治天下，开创了盛极一时的"贞观之治"，除了依靠他手下的一大批谋臣武将外，也与他贤淑温良的妻子长孙皇后是分不开的。

长孙皇后是隋朝骁卫将军长孙晟的女儿。长孙氏13岁时就嫁给了当时太原留守李渊的次子、年方17岁的李世民为妻.她年龄虽小，但已知尽行妇道，悉心侍奉公婆，相夫教子，是一个非常称职的贤妻良母，深得丈夫和公婆的欢心。

李世民少年有为，文武双全，21岁就跟随父亲李渊在太原起兵，亲率大军攻下隋都长安。李渊称帝后，封李世民为秦王，负责节制关东兵马，数年之内，李世民就挥兵扫平了中原一带的割据势力，完成了唐朝的统一大业，唐高祖因此加封他为天策上将。在李世民征战南北期间，长孙王妃紧紧追随着丈夫四处奔波，照料他的生活起居，使李世民在繁忙的战事之余能得到一种清泉般温

柔的抚慰，从而使他在作战中更加精神抖数，所向披靡。

唐高祖武德九年八月，李渊因年事已高，禅位给太子李世民。水涨船高，长孙王妃也随之成为母仪天下的长孙皇后。当上了至高无上的皇后之后，长孙氏并没有因此骄矜自傲，她仍然一如既往地保持着贤良恭俭的美德。对年事已高的太上皇李渊，她十分恭敬而细致地侍奉，时时提醒太上皇身旁的宫女怎样调节他的生活起居，像一个普通儿媳那样尽行孝道。对后宫的妃嫔，长孙皇后也非常宽容和顺，而且经常规劝李世民要公平地对待每一位妃嫔，正因如此，唐太宗的后宫很少出现争风吃醋的韵事。

唐太宗对长孙皇后也是十分器重，回到后宫之后，太宗常与她谈起一些军国大事及赏罚细节。长孙皇后虽然是一个很有见地的女人，但她不愿以自己特殊的身份干预国家大事，她有自己的一套处事原则，认为男女有别，应当各司其职，因此她说："母鸡司晨，终非正道，妇人预闻政事，亦为不祥。"唐太宗却坚持要听她的看法，长孙皇后拗不过，于是说出了自己经过深思熟虑而得出的见解："居安思危，任贤纳谏而已，其他妾就不了解了。"

李世民牢牢记住了长孙皇后"居安思危"和"任贤纳谏"这两句话。当时天下已基本太平，很多武将渐渐开始疏于练武，唐太宗就时常在公务之余，招集武官们演习射技，名为消遣，实际上是督促武官勤练武艺。按历朝朝规，一般除了皇宫守卫及个别功臣外，其他人员都不许带兵器上朝，以确保皇帝的安全，因此有人提醒唐太宗说："众人张弓挟箭在陛下座侧，万一有谁图谋不轨，伤害陛下，岂不是社稷之大难！"李世民却说："朕以赤心待人，何必怀疑自己左右的人。"他任人唯贤，用人不疑的作风，深得手下文武

诸臣的拥护,因此属下人人自励,不敢疏怠。

长孙皇后的长子李承乾自幼便被立为太子,由他的乳母遂安夫人总管太子东宫的日常用度。当时宫中实行节俭开支的制度,太子宫中也不例外,费用非常紧凑。遂安夫人时常在长孙皇后面前嘀嘀咕咕,屡次要求增加费用。但长孙皇后并不因为是自己的爱子就网开一面,她说:"身为储君,来日方长,所患者德不立而名不扬,何患器物之短缺与用度之不足啊!"她的公正与明智,深得宫中诸人的敬佩,都愿意听从她的安排。

长孙无忌是长孙皇后的哥哥,文武双全,早年就是李世民的至交,并辅佐李世民赢取天下,立下了卓越的战功,本应位居高官,但由于他的皇后妹妹,反而处处避嫌,以免给别人留下话柄。唐太宗原本打算让长孙无忌担任宰相,长孙皇后却奏称:"妾既然已托身皇宫,位极至尊,实在不愿意兄弟再布列朝廷,以成一家之象,汉代吕后之行可作前车之鉴。万望圣明,不要以妾兄为宰相!"

长乐公主是唐太宗与长孙皇后的掌上明珠,从小养尊处优,是一个娇贵的金枝玉叶。即将出嫁时,她向父母撒娇,要求所配嫁妆要比永嘉公主加倍。永嘉公主是唐太宗的姐姐,正逢唐初百业待兴之际出嫁,因此嫁妆非常简朴。长乐公主出嫁时已值贞观盛世,国力强盛,要求增添些嫁妆本不过分。但魏征听说了此事,上朝时谏道:"长乐公主之礼若过于永嘉公主,于情于理皆不合,长幼有序。规制有定,还望陛下不要授人话柄!"唐太宗本来对这番话不以为然。时代不同,情况有变,未必就非要墨守成规。回到后宫,唐太宗随口将魏征的话告诉了长孙皇后,长孙皇后对此却十分重视,她称赞道:"常闻陛下礼重魏征,殊未知其故;今闻其谏

一本书知晓唐朝

言，实乃引礼义抑人主之私情，乃知真社稷之臣也。妾与陛下结发为夫妇，情深意重，仍恐陛下高位，每言必先察陛下颜色，不敢轻易冒犯；魏征以人臣之疏远，能抗言如此，实为难得，陛下不可不从啊！"于是，在长孙皇后的操持下，长乐公主携着不甚丰厚的嫁妆出嫁了。

长孙皇后不只是在口头上称赞魏征，而且还派中使赐给魏征绢400匹、钱400缗，并传口讯说："闻公正直，如今见之，故以相赏；公宜常秉此心，不要转移。"魏征得到长孙皇后的鼓励以后，更加尽忠尽力，经常在朝上犯颜直谏。也正是因为有了他这样一位赤胆忠心的谏臣，才使唐太宗避免了很多过失，成为了一代明君。毋庸置疑，唐太宗对魏征的信任和重用，这里面也有长孙皇后的一份功劳。

贞观十年（公元636年）六月，长孙皇后在立政殿病逝，时年36岁。同年十一月，葬于昭陵。长孙皇后临死之际，曾对太宗说了一番话，可以看作是政治遗嘱：①相信房玄龄；②不要重用外戚；③要求薄葬。除了第三个问题以外，前两个问题，不仅关系唐太宗的最终名声，也关系后来的政局。由此可以看出长孙皇后的深谋远虑。

皇后去世后，太宗经常想念她，每当想起便不能自已，于是在宫苑之内修建了一个多层塔楼，目的是便于自己经常登临，瞭望昭陵。有一次，太宗引领魏征同登塔楼，让魏征看昭陵。魏征说："在哪里啊，我眼睛不好，看不到啊。"太宗就用手指示说："那不就是昭陵吗？"魏征故意打马虎眼说："啊！是昭陵啊！我还以为你要看献陵呢，要是看昭陵，我早就看到了。"魏征此言，含意隐晦。

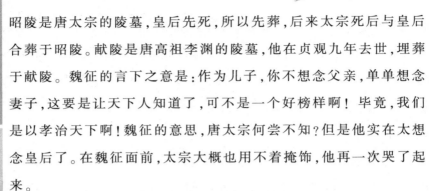

昭陵是唐太宗的陵墓,皇后先死,所以先葬,后来太宗死后与皇后合葬于昭陵。献陵是唐高祖李渊的陵墓,他在贞观九年去世,埋葬于献陵。魏征的言下之意是:作为儿子,你不想念父亲,单单想念妻子,这要是让天下人知道了,可不是一个好榜样啊!毕竟,我们是以孝治天下啊!魏征的意思,唐太宗何尝不知?但是他实在太想念皇后了。在魏征面前,太宗大概也用不着掩饰,他再一次哭了起来。

这次痛哭之后,太宗下令拆毁了这座塔楼。这座思念之楼虽然拆了,但在太宗的心中,思念之水却永远流淌。

因此我们可以说,唐太宗之所以能够成为一代天骄,其中有一半的功劳是属于长孙皇后的。

唐高宗的第一位皇后王氏为何失宠丧命?

唐高宗的皇后王氏,并州祁县(今山西省祁县)人,罗山令王仁佑的女儿,唐高宗李治的第一位皇后。

王氏出身名门望族,祖母同安长公主,是唐高祖的妹妹。李治被封为晋王时,纳王氏为晋王妃。公元643年,李治被立为太子,封王氏为太子妃。公元649年,太宗病逝,李治即位,是为唐高宗,王氏被册封为皇后。

王氏婚后一直没有生育,宫中只有宫女刘氏生皇子李忠,萧淑妃生皇子李素节,刘氏由于地位卑微而不得宠,萧氏则比较得宠。王皇后经过一番思量,打算收李忠为养子,并立为太子,以巩固自己皇后的尊位。萧淑妃则想立李素节为太子,为自己争宠增加政治资本。王氏害怕萧氏争宠,知道高宗正缱绻已经出家的武

则天,于是暗中命令武氏蓄发,并召她入宫,献给高宗。

武氏入宫以后,极得高宗宠爱,使萧淑妃失宠。王皇后自以为目的已经达到了,但是她万万没有想到,武氏竟是自己更大的竞争者。武则天先是以巫蛊案逼高宗废去王氏皇后之位,被长孙无忌、褚遂良等谏止;后来,武则天又诬蔑王皇后杀死自己亲生的小女儿。公元655年,高宗废去王氏的皇后之位及萧氏的淑妃之位,将二人贬为庶人,并打入冷宫囚禁起来。武氏仍不解恨,改王氏为蟒氏,萧氏为枭氏。

不久,高宗因思念与王氏和萧氏的旧情,在经过囚禁她们的地方时,只见留下一个送饭的小洞,看不到人,便大呼说:"皇后、淑妃安在?"王氏泣答:"妾等得罪,废弃为宫婢,何得更有尊称,名为皇后?"只向高宗提出将此冷宫改为"迴心院"。武则天知道后大怒,下令对王、萧二人各杖一百,截去手足,浸于酒中,名曰"骨醉"。几天之后,王氏被折磨死,时年仅仅28岁。

武则天是如何登上皇后之位的?

武则天14岁时,被唐太宗选入后宫,充当才人。临行之时,生母杨氏痛哭不已,武则天却安静如常,对母亲说:"见天子席知非福,何儿女悲乎?"进宫以后,太宗为她赐号"媚娘"。

高宗当太子时,经常到太宗宫中问安,受到武才人的殷勤接待,一见倾心。太宗死后,凡未生育的妃嫔都要出家为尼,武才人也不例外,到长安感业寺落发为尼。这时,高宗的王皇后多年没有生育,王皇后又对高宗宠爱萧淑妃极为不满。

有一天,高宗到感业寺上香,遇见武才人,武才人悲哀啼哭,

高宗颇受感动，回宫后心神不宁。王皇后探知情况以后，暗中派人将武才人接进宫来，侍奉高宗，图谋使萧淑妃失宠。武才人进宫之初，十分小心谨慎，千方百计博取王皇后的欢心，王皇后多次向高宗称赞她。因此进宫不久，武则天便从才人晋升为昭仪。但武昭仪并不因此而满足，她在夺去萧淑妃的宠爱以后，便开始积极设计取代王皇后的地位。

她利用王皇后性格稳重而倨傲，对上不肯奉承、对下又不体贴的弱点，用皇上赏赐的财物结交宫中内监女官，尤其是对王皇后不满意的人，让她们刺探王皇后和萧淑妃的言语举动，有过失立即上报，但并没有发现有重大过失。

于是，武昭仪打算采取诬告手段。后来恰逢武则天的亲生女儿突然夭折，武则天便借机宣称是王皇后所杀，还诬蔑王皇后同她的母亲柳夫人用巫术诅咒皇上，高宗信以为真，于是决定废黜王皇后，立武昭仪为皇后。当高宗将废皇后王氏，改立武则天的打算向褚遂良、长孙无忌等重臣说明后，立即遭到他们的反对，他们认为王皇后没有重大过失，不应废黜。高宗不肯采纳他们的谏言。中书合人李义府、卫尉卿许敬宗揣知高宗旨意，上表请立武昭仪为后。面对反对、赞成两种不同意见，高宗犹豫不决。一日，李义府等人觐见高宗，高宗问道："朕欲立武昭仪为后，遂良固执以为不可。遂良既顾命大臣，事当且已乎？"他们回答说："此陛下家事，何必更问外人！"永徽六年（公元655年），高宗下诏废王皇后、萧淑妃为庶人，立武昭仪为皇后。

唐中宗的皇后韦氏有哪些恶行劣迹？

唐中宗皇后韦氏，京兆万年（今陕西西安）人，生有懿德太子李重润、永泰公主李仙蕙、永寿公主、长宁公主和安乐公主李裹儿。神龙元年（公元705年），中宗复位。韦后勾结武三思等人专擅朝政，让其从兄（同曾祖伯叔之子年长于己者，与堂兄相类）韦温掌握实权，并纵容女儿安乐公主卖官鬻爵，又大肆修建封寺庙道观。景龙四年（公元710年），中宗暴毙，韦后立温王李重茂为帝，临朝称制。不久李隆基发动政变，拥立父亲相王李旦复位。韦后等人被杀于宫中，并被追贬为庶人，称为韦庶人。

中宗为太子时，立韦氏为妃。弘道元年（公元683年），中宗即位。次年，韦氏被立为皇后。同年，中宗被武则天废黜，迁至房州（今湖北房县），只有韦氏一人随行。在流放生活中，韦氏与中宗患难与共，排解了中宗的悲愁和惶惧。中宗发誓如果有朝一日能够复位，一定任她所为，不加禁制。神龙元年，中宗复位。每次临朝，韦后就坐在帷幔（指用布或纱做成的围帐）之后，参闻政事。中宗任用曾为武则天掌文书的昭容（宫中女官）上官婉儿主持撰述诏令，并任用武三思为宰相。据说武三思与韦后、婉儿私通，韦后的爱女安乐公主嫁给武三思之子武崇训，恃宠专横，权重一时。当时朝中形成一股以韦氏为首的武、韦专政集团。

武三思通过韦后和安乐公主，诬陷并迫害拥戴中宗复位的张柬之、敬晖等功臣。中宗对揭发武、韦丑行的人处以极刑，武三思因而权倾朝野，作威作福。一批趋炎附势的官僚集聚在他门下，其中有五人特别卖命，被称为"五狗"。

　　中宗的太子李重俊，由于不是韦氏所生，因而遭到韦后厌恶。安乐公主与丈夫武崇训经常侮辱李重俊。武崇训唆使安乐公主让中宗废掉李重俊的太子之位，立安乐公主为皇太女。李重俊甚为不平，于神龙三年七月发动部分羽林军杀死武三思和武崇训，并且打算诛杀韦后和安乐公主，由于他带领的羽林军倒戈，最后导致失败，李重俊被杀。武、韦集团权势依旧不减。

　　安乐公主恃宠，骄恣专横，张扬跋扈，她曾将自己草拟的诏敕，掩住正文，请中宗在文后签署，中宗竟然不看诏文，笑着签署。安乐公主和长宁公主(也是韦后所生)、昭容上官婉儿等都仗势弄权，卖官鬻爵。她们还大肆营建第舍，穷奢极欲。安乐公主强夺民田作定昆池，方圆数里；一幅织成裙，值钱十万。中宗、韦后和公主们还大建佛寺，劳民伤财。当时正值内忧外患，外有东突厥攻掠陇右；西突厥攻陷安西都护府；内则水旱为灾，户口逃散，民不聊生。中宗却忙着与韦后恣为淫乐，不理朝政，还处死上书告发韦氏乱政的人。

　　景龙四年(公元710年)，韦氏因害怕自己的丑行暴露，而安乐公主也想让韦氏临朝，自己好做皇太女，于是二人合谋毒死了中宗。韦后临朝摄政，立李重茂为帝，史称唐少帝。韦后又任用韦氏子弟统领南北衙军队，并打算效法武则天，自居帝位。临淄王李隆基与太平公主(武则天之女)发动禁军攻入宫城，杀死韦后、安乐公主、上官婉儿及其余党，并逼迫少帝让位，迎立相王李旦(李隆基之父)为帝，是为唐睿宗。韦后之乱，自此宣告终结。

唐睿宗的皇后刘氏、窦氏有着怎样的悲惨命运？

唐睿宗皇后刘氏，是刑部尚书刘德威的孙女，她父亲刘延景曾任陕州刺史。仪凤年间，刘氏以宫女的身份进入当时的相王府。不久，刘氏生下长子李成器和寿昌公主、代国公主。文明元年（公元684年），李旦即位，是为唐睿宗，刘妃被册为皇后。公元690年，睿宗让位给母亲武后，仍称太子，刘氏仍为太子妃。

当时，武则天正为将来把皇位传给武氏还是李氏而犹豫不决。李旦一直挂着太子的头衔，武后的侄子武承嗣为了夺取皇太子的地位，千方百计想害死李旦，他指使武后身边的一个名叫团儿的宠婢，事先做好两个木人，刻上武则天的姓名，钉上一枚大钉子，分别放在刘妃和窦妃的床下，然后由团儿向武则天诬告，说二妃同谋，施行法术诅咒皇上。

长寿二年（公元693年）正月，武则天在万象神宫举行祭祀活动。隆重的仪式结束后，第二天一早，太子李旦的太子妃刘氏和德妃窦氏话，就命她二人退了出去。但是，侍从们在宫外等了好久，却一直不见两位妃子出来，询问武则天左右的宫人，也没有人知道。侍从们只得回到东宫。但是，一直等到天黑，连两位妃子的影子都没见到。太子李旦通宵未眠，天刚亮，就带了一些人去武则天接受二妃朝贺的嘉豫殿寻找。但是武则天不许太子进殿，命内侍传话说："两位妃子早已离开嘉豫殿，以后不曾来过，请太子出宫去寻找。"太子李旦只得退出。

时间一天天地过去了，刘、窦二妃音讯全无。太子李旦逐渐明

白,二妃多半已经遭了毒手。凶手不是别人,正是自己那热衷于权力的母后。武则天不动声色地处死了两位无辜的妃子,目的就是为了警告他。尽管悲愤不已,李旦还是告诫自己:不管如何悲愤,都不能将怨恨流露出来。他还严禁东宫任何人谈论这件事情,要求几个儿子也都保持沉默,保持平静。两位妃子就这样莫名其妙地被害死,连尸体都没有下落。

景云元年(公元 710 年),刘氏被追谥为肃明皇后,招魂葬于东都城南,陵曰惠陵。公元 716 年,睿宗驾崩,迁祔(迁柩附葬)桥陵。

睿宗即位之后,窦氏被追谥为昭成皇后,招魂葬于都城之南,陵曰靖陵。睿宗逝世以后,窦后以帝母的身份,追尊为皇太后,同样祔葬桥陵。

唐玄宗的皇后王氏因何被废?

王皇后,唐玄宗皇后。其先祖是梁朝冀州刺史王神念,父亲王仁皎,长兄王守一。当玄宗还在做临淄王时,即已聘娶王氏为妃。在讨伐韦后时,王氏在幕后协助临淄王,终于完成大业。玄宗即位后,册立王氏为皇后。

王皇后与玄宗婚后多年,始终没有子嗣,而当时的武惠妃非常得宠,王皇后心中不满,武惠妃便想方设法诋毁她。然而由于王皇后对下属们素有恩惠,因而没人愿意说她坏话。玄宗也起了废黜皇后之心,便将这件事告诉了秘书监姜皎,姜皎因将此事泄露,于是被处死。王皇后因为失去玄宗的宠爱,而且处于随时可能被废的恐惧中,于是哭着问玄宗:"陛下难道不挂念当年我爹拿衣服

换一斗面粉，给您做生日汤饼的事吗？"玄宗听了也为之感伤动容，于是暂时放弃了废后的打算。

由于皇后无子，地位受损，再加上姜皎的事情，让皇后之兄王守一很害怕，于是导致了"符厌事件"的发生。他请来和尚明悟祭拜南斗与北斗，取来霹雳木并刻上天地文与玄宗名讳，让王皇后佩戴，说道："戴着它可保佑早生贵子，往后将可与则天皇后相比。"结果事情被揭发，玄宗亲自追查，果然搜获物品。于是，玄宗废王皇后为庶人，赐王守一死。

王皇后被废3个月以后，便匆匆过世了，玄宗诏令以一品礼将她葬于无相寺。后宫的人们对她相当思慕，玄宗自己也对此事感到非常后悔。宝应元年（公元762年），唐代宗即位，恢复了王皇后的封号。

为什么说元献皇后杨玉环"红颜薄命"？

元献皇后杨氏，唐玄宗李隆基的宠妃，原名杨芙蓉，小字玉环，道号太真，出生地为容州（今广西容县）。杨氏生唐肃宗李亨和宁亲公主。杨贵妃死后，被唐玄宗追册为元献皇后。唐肃宗即位后，杨氏被追册为元献太后。

杨玉环自小习音律，善歌舞，姿色超群。曾祖父杨汪是隋朝的上柱国、吏部尚书，唐初被李世民所杀，父亲杨玄琰，是蜀州（四川重庆）司户，叔父杨玄璬曾任河南府土曹，杨玉环的童年是在四川度过的。杨玉环10岁左右，父亲去世，她寄养在洛阳的三叔杨玄璬家。后来又迁往永乐（山西永济）。因此当提及杨贵妃是哪里人时，有说广西容县的，有说四川的，有说山西永乐的，莫衷一是。

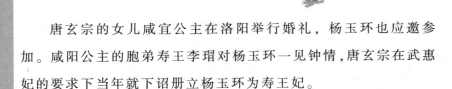

唐玄宗的女儿咸宜公主在洛阳举行婚礼，杨玉环也应邀参加。咸阳公主的胞弟寿王李瑁对杨玉环一见钟情，唐玄宗在武惠妃的要求下当年就下诏册立杨玉环为寿王妃。

婚后本来生活幸福甜蜜，然而皇帝唐玄宗见杨玉环有倾城倾国之色，竟悖常伦，欲占为己有。于是以"做女道士"为名招入宫，经过一番暗渡陈仓后，于天宝四年（公元745年）封为贵妃，当时玄宗已经61岁，杨贵妃才27岁。

杨贵妃每次骑马，都有大宦官高力士亲自执鞭，杨贵妃的织绣工就有700人，更有争献奇珍异宝者。岭南经略史张九章及广陵长史王翼，由于所献之物非常精美，二人均被升官。于是，百官纷纷仿效。杨贵妃爱吃岭南荔枝，就有人千方百计急运新鲜荔枝到长安，所以有诗云"一骑红尘妃子笑，无人知是荔枝来"，因此荔枝又被称为"妃子笑"。

杨玉环是唐代宫廷音乐家、歌舞家，其音乐才华在历代后妃中实为鲜见。杨玉环天生丽质，加上优越的教育环境，使她具备有一定的文化修养，性格婉顺，精通音律，能歌善舞，并善弹琵琶。虽然是一代美女，但仍有缺陷，据说她生有狐臭，因此特别喜欢沐浴。

天宝十五年，安禄山起兵造反，沉迷于酒色歌舞之中的唐玄宗仓皇西逃。途经马嵬坡，右龙武军（禁军）将军陈玄礼等四军（白居易所说的"六军"应当是北衙禁军——左右羽林军、左右龙武军和左右神武军，但玄宗朝其实只有左右羽林军和左右龙武军四军）将士认为杨家祸国殃民，不肯前行，说是由于杨国忠（杨贵妃的堂兄）通于胡人，所以导致安禄山造反，玄宗为平息军心，斩杀

了杨国忠。左右羽林军和左右龙武军仍然不肯前行，说杨国忠是杨贵妃的堂兄，堂兄有罪，堂妹也罪责难逃。玄宗虽有一万个不忍心，一万个不舍得，在无可奈何之下还是命令高力士将杨贵妃勒死了。安史之乱本与杨贵妃无关，她成了唐玄宗的替罪羔羊。杨贵妃死时，年仅 38 岁。红颜薄命，可悲可叹！

这位以胖为美的杨贵妃，是最简单的美人、最幸福的美人，也是最令人感慨的美人。她与西施、王昭君、貂蝉并称为中国古代四大美女，后人用成语"沉鱼落雁，闭月羞花"来形容这四大美女。杨贵妃是我国古代四大美女中地位最高、权力最大的一位美女，也是我国在世界范围内影响最大的一位后妃。

唐肃宗的皇后张氏是怎么死的？

张皇后，唐肃宗李亨的皇后，邓州向城（今河南南阳东北）人。肃宗为太子时，纳张氏为良娣，颇得李亨宠爱。肃宗即位后，张氏被册为淑妃。乾元元年（公元 758 年），张氏被立为皇后。后来张氏打算立自己的儿子为太子，所以图害太子李豫（后来的代宗）。因废立太子阴谋失败，后被唐代宗废为庶人。后因与李辅国不和，肃宗死后，张氏被李辅国和程元振所杀。

公元 762 年，李亨病倒，病情越来越重，下诏命太子李豫（原名李俶）监国。皇后张良娣决定动手铲除权宦李辅国。她假托皇帝之命召见太子李豫，说："李辅国久典禁兵，四方诏令，皆出其口，擅自矫诏，逼迁上皇，罪不可赦！他尚存顾忌的只有你和我，眼下皇上病入膏肓，李辅国和他手下掌管神箭营的宦官程元振已暗中计划叛乱，若不诛杀、祸在顷刻！"

张良娣没有想到，她话音刚落，眼前这个已经37岁的大男人、曾任天下兵马大元帅的堂堂一国储君，竟然当着她的面哗哗地哭了起来。他说："陛下生命垂危，此二人皆是陛下的功臣故旧，不奏而突然杀之，必使陛下震惊，恐病体不堪啊！此事当从长计议。"

张良娣在心里长叹一声。在她看来，这个大男人脸上的泪水根本不代表孝顺，只能代表怯懦。只可惜她自己两个儿子一个早夭、一个年幼。

要说李豫脸上的泪水纯然是出于孝顺，那肯定是假话，可要说它只代表怯懦，那也不够全面。严格来说，那泪水应该是一分孝顺、四分胆怯、五分装蒜。李豫想：那个老奴才李辅国固然不是吃素的，可你张良娣又何尝是一盏省油的灯？多少回你处心积虑想让你那乳臭未干的小儿子取代我的太子之位，你以为我都不知道？眼下你怂恿我跟李辅国斗，无论是我杀了李辅国，还是李辅国杀了我，到头来不是都便宜了你张良娣吗？你这借刀杀人之计好毒啊！要杀你自己去杀，我李豫绝不会被你卖了还帮你数钱！

想到这里，李豫顿时哭得更厉害了。

"好吧，"张良娣无奈地说，"太子暂且回去，容我再考虑考虑。"

张良娣是不可能再考虑的，因为她知道，此刻早已剑拔弩张的李辅国不会给她留时间。于是她随即又召来越王李系（李亨的次子），告诉他李辅国图谋作乱，然后说："太子懦弱，不足以平定祸乱，你敢不敢？"

让张良娣欣慰的是，李系的回答就一个字："敢！"

李系随即命手下宦官段恒俊挑选了两百多名勇武的宦官,并配给他们武器和铠甲,随时准备刺杀李辅国。然而,尽管张良娣和李系成竹在胸,却还是慢了一步。

四月十六日,张良娣再次假借皇帝名义召见太子,或许是想在行动之前最后跟李豫打声招呼。可是,已经进入高度戒备状态的李辅国和程元振立即嗅出了危险的味道,于是即刻命手下禁军埋伏在陵霄门外。太子一到便被拦了下来。二人告诉他,张皇后要加害太子。李豫说:"绝无此事!皇上病重,命我入宫,我岂能怕死不去?"

程元振说:"社稷事大,太子必不可入!"随即不由分说将太子带到了玄武门外的飞龙厩,并派重兵把守。此举名为保护,实为软禁。

当天夜里,李辅国和程元振率兵冲入麟德殿,捕获了越王李系、宦官段恒俊、内侍省总管朱光辉等100多人,然后闯进长生殿,宣称奉太子之命迁皇后于别殿,随即在天子病榻前逮捕了张良娣,并强行拖下殿,连同皇后身边的宫女宦官数十人全部囚禁于后宫。

宝应元年(公元762年)四月十八日,唐肃宗李亨驾崩,时年52岁。李亨刚刚咽气,李辅国便拿起屠刀,杀死了皇后张良娣、越王李系、兖王李偘(偘,音xiàn,李亨的第六子)。

为什么说唐代宗李豫的皇后沈珍珠的一生充满传奇色彩?

唐代宗睿真皇后沈珍珠,浙江吴兴(今湖州竹墩)人,玄宗开

元末年入选为东宫宫女。当时肃宗李亨为皇太子，将沈氏赐予广平王李豫（李亨长子）。沈氏不仅貌美如花，而且贤良淑德，因而深得李豫宠爱。天宝元年（公元742年），沈氏为李豫生下长子李适，即后来的唐德宗。

天宝十五年（公元756年），安禄山叛唐后逼近长安，玄宗携着杨贵妃及诸皇子皇孙仓皇出逃，李亨、李豫、李适自然都在其中，而诸皇子皇孙的妃妾及一大批皇亲国戚却被遗下未能逃走，后被叛军俘获，其中就有沈氏。

李亨在灵武即位称帝以后，封长子李豫为天下兵马大元帅。至德二年（公元757年），李豫收复东都洛阳，在掖庭中找到了被关押1年有余的沈氏。乾元元年（公元758年），李豫被立为皇太子，但并没有明确沈氏的名分，也没有将她迎回长安，而是一直居住在洛阳宫中。乾元二年（公元759年），史思明再度攻陷洛阳，沈氏自此不知所踪。

李豫即位以后，于广德二年（公元764年）立长子李适为皇太子，同时下诏寻访沈氏的下落，10余年却始终一无所获。其间也有人声称自己是沈氏，比如有个尼姑就曾谎称自己是太子的生身之母，但后来却发现是冒名顶替。大历十四年（公元779年）代宗驾崩，太子李适即位。次年建中元年（公元780年），李适遥尊生母沈氏为"睿贞皇太后"。

为了寻找生母，德宗李适采纳了中书舍人高参的建议，任命睦王李述为奉迎使，沈氏族人四人为判官，派遣多人四处访寻，多方查找，同时对沈氏家族大加封赏，以期母子团聚。

建中二年（公元781年），消息传来，沈太后在洛阳找到了，长

安城中一片欢腾。然而,这个所谓的"沈太后"很快就证实只是高力士的一个养女,由于年纪相貌酷似沈氏,而且与沈氏在宫中有所接触,出于名利之心所以做出冒充之举。思母心切的德宗不仅没有予以治罪,反而对身边的大臣们说:"只要能找到真正的生母,我受一百次骗也没关系。"自此之后,冒名者越来越多,然而,终德宗一生,也没能找到真正的沈太后。

德宗在位26年后驾崩,长子顺宗即位并于数月后驾崩,顺宗的长子宪宗即位。至此时为止,寻访沈氏的工作已经进行了几十年,依然杳无音讯。宪宗发诏,在肃章内殿为沈氏发丧,上太皇太后号,在代宗陵为沈氏建立衣冠冢,并在代宗庙为其立神位。

纵观沈后一生,命运多舛,屡遭离乱,结局更是千古谜团,因此小说家多有臆造之举,更有很多地方的尼庵留下了沈后在此出家的传说,颇具传奇色彩。

为什么说唐德宗的皇后王氏是一个福缘浅薄的皇后?

唐德宗皇后王氏,秘书监王遇的女儿。公元779年,王氏被立为淑妃,数年后,宫廷内部发生了泾原之变,叛乱的将领攻占长安,王氏与德宗出逃至陕西乾县。由于长年奔波,又加上女儿的夭折,回到长安以后,王淑妃一病不起。贞元二年(公元786年)十一月,王氏被立为皇后。然而,加冕典礼刚刚结束,王皇后就停止了呼吸,德宗悲伤万分,赐谥号为"昭德皇后"。

广德元年(公元763年)五月,唐代宗即位,封长子李适为天下兵马大元帅、鲁王。在此期间,李适纳王氏为妻。婚后不久,王氏

生下唐顺宗李诵，李适十分高兴。

大历十四年（公元779年），代宗去世，李适即位，是为唐德宗。德宗封王氏为淑妃，位列众嫔妃之首，行使皇后的权利。几年后，唐朝朝廷内部爆发了泾原之兵，叛乱将领占领了长安，德宗仓皇逃往陕西乾县。待德宗寻找玉玺时，却发现玉玺不见了。原来，由于仓皇出逃，竟将玉玺遗忘，王淑妃将大印拿出，解了燃眉之急。因此，德宗对她夸奖不已。由于离开长安后几年的奔波，尤其是女儿生下后即夭折，对王氏打击很大。回到长安后，王氏一病不起。

贞元二年（公元786年）十一月，德宗宣布册立王淑妃为皇后，加冕仪式非常隆重，在病中的王皇后换气着与百官见面。然而隆重的加冕典礼刚落下帷幕，王皇后就闭上了她的双眼。德宗悲伤万分，随后，又为她举行了隆重的葬礼。

王氏虽贵为天子之妻，却屡经不幸的打击，刚刚登上皇后的宝座，她的生命也随即走到了尽头，真可谓一位福泽浅薄的薄命女子。

唐顺宗的皇后王氏有着怎样的经历？

唐顺宗皇后王氏，琅玡临沂人，父亲王子颜，被封金紫光禄大夫。王氏13岁嫁于宣王李诵。大历十三年（公元778年），王氏生下李纯，即后来的唐宪宗。大历十四年，李诵晋封为宣王。王氏被立为宣王王孺人。同年五月，李适即位，是为唐德宗，立李诵为太子，王氏被封为"良娣"。贞元二十一年（公元805年），唐德宗病逝，顺宗即位。次年八月，由于"永贞革新"失败，顺宗被迫禅位于

太子李纯,自称"太上皇",王良娣为"太上皇后"。元和元年(公元806年),顺宗病逝。唐宪宗迫于宦官压力将母亲王氏迁出后宫,送到长安城东南兴庆宫居住。此后,王氏忧郁成疾。元和十一年(公元816年),王氏病逝。根据王氏生前遗愿,尊称其为"顺宗庄宪皇后",并与唐顺宗合葬于丰陵。

王氏自幼聪慧善良,而且天生丽质,幼年被选入宫中,封为才人。代宗见她年幼可爱,便将她赏给了自己的长孙宣城郡王李诵,当时的王氏只有13岁。

在宫中,王氏从不搞那种争宠斗艳的事情。她所生的两个女儿,即汉阳公主和恭靖公主,由于多年受生母亲王氏的教育,十分的勤俭制家。

贞元二十一年(公元805年),唐德宗病逝,顺宗即位,改年号为"永贞"。继位后不久,顺宗突然中风,瘫痪在床。病卧在床的他还是起用了王叔文、王亚、柳宗元、刘禹锡等人改革弊政,以防宦官专权的祸害,史称"永贞革新"。次年八月,由于"永贞革新"失败,顺宗被迫传位于太子李纯。

元和元年(公元806年)正月,顺宗病逝。唐宪宗迫于宦官压力将王氏迁出后宫,将太上皇后王氏的封号改为皇太后。至此,朝政大权完全落入权阉集团之手,宪宗李纯实际上成了一个傀儡皇帝。王氏被送到长安城东南兴庆宫居住,因为长期独居兴庆宫,不能与儿子李纯相见,王氏很快忧郁成疾。

元和十一年(公元816年),王氏病逝。临终前,她留言给宪宗:"世上万物之理,最终都有一个了结级限,我已受尽了人间风霜冷温的苦楚,我的身体日渐衰病,如果死后能和先皇埋葬在一

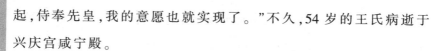

起,侍奉先皇,我的意愿也就实现了。"不久,54岁的王氏病逝于兴庆宫咸宁殿。

是什么原因让郑氏从宫人一跃成为了唐宪宗的皇后?

唐宪宗皇后孝明郑皇后,丹杨人,唐宪宗李纯的宫人,由于生唐宣宗李忱的缘故,逝世后被尊为皇后。

郑氏出身于润州丹杨县,在元和初年李锜谋反时,有一个看相的人对李锜说,郑氏将来必当生下天子,李锜大喜,立即将郑氏纳为侍妾。后来李锜被杀,郑氏以叛臣眷属的身份被没入宫庭,充为唐宪宗宠冠六宫的郭贵妃的宫女。郑氏后来受到宪宗临幸,生下宪宗第十三子李忱,后来李忱被封为光王,郑氏也成为光王太妃。唐宪宗驾崩后,由郑氏当年侍奉的郭贵妃所生的遂王李恒登基,是为唐穆宗。此后又历经敬宗、文宗、武宗3帝,自宪宗驾崩的元和十五年(公元820年)算起,一直到会昌六年(公元846年)为止,在这26年间,郑氏一直都只是个默默无闻的光王太妃。但唐

武宗驾崩后,由于没有子嗣,因此由武宗的叔叔光王李忱即位,是为唐宣宗,光王太妃郑氏也因此一跃成为皇太后。据《旧唐书》记载,在会昌六年,郑氏的弟弟郑光曾梦见一辆车载着日月,光耀天下,被认为是吉兆。不久,宣宗登基,郑氏成为太后,郑光也获得升迁,任官检校户部尚书、诸卫将军、平卢节度使等等。

宣宗对生母郑太后极为孝顺,此时宫中除郑太后以外,还有2位太后:一个是文宗生母积庆太后萧氏,另一个是当年郑太后曾经服侍过的郭贵妃。郭氏在其子穆宗登基后成为太后,孙子敬

宗登基后又成为太皇太后。郭氏自被穆宗尊为太后起，一直以来都是唐朝皇室的母仪代表，不论郭氏与每位皇帝之间亲疏与否，郭氏一直都受到每位皇帝的尊敬和孝养，即使敬宗、文宗各自尊生母为太后，对于郭氏依然孝养尊敬。但在宣宗登基以后，由于郑太后曾是郭太皇太后当年的侍女，因此两人之间素有旧怨，因此使宣宗对郭太皇太后有所疏远，这使郭太皇太后非常不满，甚至曾打算跳楼自尽，虽然后来郭太后被左右拦阻未能坠楼，但郭太后当晚就去世了。

　　郭太后去世以后，宣宗由于郑太后之故，不愿让郭太后升祔宪宗太庙，即使曾有礼官力争，宣宗仍不让郭太后祔庙。宣宗在位13年后，因服食丹药中毒而死，其子李漼登基，是为唐懿宗，郑太后也以懿宗祖母身份成为太皇太后。郑氏死后葬于唐宪宗的景陵旁园，谥号孝明皇后。

唐宪宗贵妃郭氏有着怎样的遭遇？

　　唐宪宗贵妃郭氏，出身将门之家，是唐朝名将郭子仪的孙女，郭暧的女儿，母亲是唐代宗的长女齐国昭懿公主。郭氏因家世显赫，因此被唐顺宗选为太子广陵王的妃子，又因生母身份高贵（为顺宗姑婆），再加上父、祖皆有功于皇室，因此郭氏颇得顺宗异宠。

　　贞元十一年（公元795年），郭氏生下李纯的第三个儿子李恒，即后来的唐穆宗。郭氏后来还为李纯生了一个女儿，即岐阳公主。

　　元和元年（公元806年），太子广陵王即位，是为唐宪宗，郭

氏却只被册为贵妃,而非皇后。

元和八年(公元813年)十二月,百官群奏宪宗,要求册封郭贵妃为皇后,但宪宗以郭贵妃出身显族,担心郭贵妃成为皇后,将不容许宪宗有后宫之宠,因而婉拒了百官的请求。

元和十五年(公元820年)初,宪宗病危,左神策军中尉吐突承璀打算立沣王李恽为太子。内侍陈弘志便率兵杀死了吐突承璀和李恽,并将宪宗毒死。随后,便拥立郭贵妃之子李恒即位,是为唐穆宗。穆宗即位后,郭贵妃母以子贵升为皇太后,穆宗又对郭太后亲族大加封赠。郭太后居于兴庆宫内,穆宗每月朔望(当月亮轨道上绕行到太阳和地球之间,月亮的阴暗的一面对着地球,这时叫朔,正是农历每月的初一;当月亮绕行至地球的后面,被太阳照亮的半球对着地球,这时叫望,一般在农历每月十五或十六日)定期朝见,还曾随侍郭太后游幸骊山,对郭太后相当孝顺。穆宗在位四年,因服用丹药驾崩。穆宗死后,宫中盛传郭太后会效法武则天临朝称制,郭太后大怒,说:"效法武氏?今太子虽幼,尚可选重德之人为辅臣,与我又何干?"于是穆宗长子即位,是为唐敬宗。敬宗即位后,尊生母王氏为太后、祖母郭太后为太皇太后。

宝历三年(公元827年),敬宗被宦官杀死,内外震惊,宦官又拥立绛王李悟为监国,不久,又加害李悟,于是郭太皇太后下诏,迎敬宗的弟弟即位,是为唐文宗,由于文宗尊生母萧氏为太后,加上郭太皇太后与敬宗母王太后,宫中共有3位太后,史书称之为"三宫太后"。郭氏为宪宗之妃、穆宗之母,又是敬宗、文宗的祖母,即使敬、文两帝各自尊生母为太后,但郭氏一直受到诸帝最至诚的尊养,在三宫太后中也以郭太皇太后为最尊。后来,文宗驾

崩,他的弟弟武宗即位,为分辨三宫太后,因此称敬宗母王氏为义安太后,文宗母为积庆太后,郭氏仍称太皇太后,并且三宫太后仍继续受到武宗孝养。武宗喜好游乐,经常让五坊小儿(五坊,机构名,即雕、鹘、鹞、鹰、狗,供君主狩猎时用;"五坊小儿"是对五坊人员的蔑称,因其仗势虐人,百姓恶之,故而称之)自由出入宫禁。

一天,武宗朝见郭太皇太后时,向太后问道:"如何成为盛世天子?"郭太后回答说:"勤于政事,听取百官意见,不拒谏言,不纳谗言,如此能为盛世天子。"于是,武宗渐渐专心为政,疏远五坊小儿与游乐,逐渐使唐朝国势稍有起色。武宗和父亲穆宗一样,因相信长生不老之术而服食丹药,最后中毒而死。武宗死后,宪宗十三子被拥立为皇太叔,在武宗梓宫前即位,是为宣宗,宣宗尊生母郑氏为太后,郭氏仍为太皇太后。宣宗是宪宗庶子,而在早年郭氏还是贵妃时,郑氏曾是郭太后的宫女,因此,宣宗对郭太皇太后的孝养较为疏薄,这也引起了郭太后的不悦。

大中五年(公元 851 年)三月,郭太皇太后登勤政楼,因为对宣宗的礼薄有所不满,竟打算跳楼自尽,幸而被宫人阻止。但这件事还是在宫内传开,很多人认为是宣宗不孝所至,宣宗听闻郭太皇太后跳楼一事后非常愤怒。当晚,郭太皇太后在兴庆宫崩逝,谥号懿安皇后。郭太皇太后死后,因与宣宗生母郑太后之间素有旧怨,于是宣宗打算将她葬于景陵外园,并且不祔宪宗庙,尽管有太常官王暤力谏,认为郭氏历经七朝,五朝皆为皇室母仪代表,应当配飨宪宗,却被宣宗拒绝。多年之后,宣宗驾崩,其子懿宗即位,王暤再度请命,懿安皇后郭氏这才配飨宪宗。然而,郭太后究竟为什么在跳楼未遂当晚突然死亡,长久以来一直是个谜。

为什么说唐穆宗的皇后王氏比较幸运？

唐穆宗皇后王氏，原为唐穆宗的妃子，越州人，父亲王绍卿，曾任金华县令，被封为司空，母亲张氏，被封为赵国夫人。敬宗即位后，王氏被封为皇太后。文宗时，称宝历太后，谥号"恭僖皇后"。王氏在封建社会的后妃中算是比较幸运的，她既得到了丈夫穆宗的宠爱，又受到三朝皇子的尊敬和孝顺。

王氏是唐穆宗的妃子、唐敬宗的生母，后被追谥为皇后。王氏在年少时，进入皇太子李恒的东宫作侍妾。元和四年（公元809年），王氏生下李恒的长子李湛，即后来的唐敬宗。李恒即位，是为唐穆宗，将王氏立为妃，穆宗在位约4年后驾崩。王氏所生的皇长子李湛即位，是为唐敬宗。长庆四年（公元824年）二月，敬宗尊生母王氏为皇太后、祖母郭氏为太皇太后，又追赠王皇太后的父亲王绍卿为司空，生母张氏为赵国夫人。敬宗登位不久，被宦官刘克明所杀，震惊朝野，刘克明拥立绛王李悟为监国，不久，与刘克明敌对的另一个宦官王守澄又加害李悟，于是郭太皇太后下诏，迎立敬宗的弟弟江王李昂即位，是为唐文宗。文宗即位之初，王皇太后号宝历太后。后来，宝历太后迁居于义安殿，于是在大和八年（公元834年），王氏又改称为义安太后。会昌五年（公元845年），义安太后崩逝，谥号恭僖皇后，葬于光陵东园。

文臣武将篇

凌烟阁二十四功臣是指哪些人？

凌烟阁原本是皇宫内三清殿旁的一个不起眼的小楼，贞观十七年二月，唐太宗李世民为纪念当初一同打天下的众位功臣（当时已有数位辞世，还活着的也多已老迈），命阎立本在凌烟阁内描绘了24位功臣的图像，由褚遂良题之，大小都如同真人一般。唐太宗时常到这里思怀往事。这24人的姓名及事迹如下：

赵公长孙无忌第一。长孙无忌是李世民长孙皇后的亲兄，自幼与李世民为友，李渊太原起兵后投靠李世民。曾参与李世民历次战役，尤其在玄武门之变中发挥了主导作用，终身为李世民信任。李世民去世后，受遗命辅佐唐高宗。因反对唐高宗立武则天为皇后而失宠，后来被诬陷谋反，自缢而死。

赵郡王李孝恭第二。李孝恭的父亲是李渊的堂弟，李渊起兵后，李孝恭负责经略巴蜀。得到李靖的辅助，消灭了萧铣、辅公祐，长江以南均受他统领。论战功，李孝恭几乎可与李世民分庭抗礼。李世民登基后，退出权力中心，以歌舞美人自娱。贞观十四年，暴病身亡。

莱公杜如晦第三。杜如晦是李世民的主要幕僚。李渊攻克长安时投靠李世民，由房玄龄推荐而受李世民重用，曾参与李世民历次战役及玄武门之变。贞观年间与房玄龄共掌朝政，贞观四年病故，年仅46岁。

郑公魏征第四。魏征原是李密谋士，后随李密降唐，为唐朝招降李世绩。窦建德进攻河北时被俘虏，窦建德部灭亡后得以重

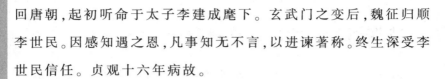

回唐朝，起初听命于太子李建成麾下。玄武门之变后，魏征归顺李世民。因感知遇之恩，凡事知无不言，以进谏著称。终生深受李世民信任。贞观十六年病故。

梁公房玄龄第五。房玄龄善于谋略。李渊起兵后派李世民进攻渭北，房玄龄受温彦博推荐投入李世民幕府，曾参与李世民历次战役及玄武门之变。李世民登基后论功行赏，被喻为汉之萧何。贞观年间负责行政，为相将近20年，深得李世民信任。李世民出征高丽时被委以留守重任。贞观二十二年病故。

申公高士廉第六。高士廉是长孙皇后、长孙无忌的亲舅舅。由于父亲早亡，长孙氏兄妹实际由高士廉抚养。高士廉对李世民极为看重，主动将长孙氏许配给李世民。由于得罪杨广，被发配岭南，随后中原大乱，被隔绝在外，直到李靖灭萧铣南巡时才得以回归。高士廉善行政、文学，成为李世民的心腹，曾参与玄武门之变的策划。

鄂公尉迟敬德第七。尉迟敬德原为刘武周部将，刘武周灭亡后投降李世民。起初不被众将信任，几乎被处死，但李世民坚持起用他。唐郑决战时，尉迟敬德曾立下单骑救主之功。此后以勇将身份参与李世民历次战役，也是玄武门之变的主要角色，亲手杀死齐王李元吉。突厥倾国进犯时以骑兵迎击取胜。天下安定后无用武之地，晚年闭门不出，最终得享天年。

卫公李靖第八。李靖曾试图揭发李渊谋反，因此几乎被李渊处死，幸而被李世民所救。后来戴罪立功，协助李孝恭经营巴蜀、灭萧铣、辅公祐，被李渊评价为"萧、辅之膏肓"。贞观年间，李靖

负责抵御突厥,成功地消灭了突厥政权。后来又挂帅出征,消灭了吐谷浑势力。屡次被诬告谋反,为免嫌疑,主动退休闭门不出。

宋公萧禹第九。萧禹是隋炀帝萧后的弟弟。李渊起兵后,萧禹归附唐朝,善于行政,终生为李渊重用。李世民即位后,因与房玄龄、杜如晦不和,多次得罪李世民,仕途多有沉浮,但从不"改过自新"。后来李世民评价其为"疾风知劲草,板荡识诚臣"。

褒公段志玄第十。段志玄是李渊在太原时的旧部,曾参加李唐历次重要战役,以勇武著名。李世民兄弟相争时,拒绝了李建成和李元吉的拉拢,忠心于李世民,并参加了玄武门之变。其人治军严谨,李世民评价为"周亚夫无以加焉"。贞观十六年病故。

夔公刘弘基第十一。隋炀帝征高丽时,刘弘基因避兵役逃往太原归附李渊。太原起兵时,刘弘基与长孙顺德一同负责招募勇士。进攻长安途中于霍邑之战阵斩隋主将宋老生,攻克长安后被评为战功第一。进攻薛举时在浅水原大败,力尽被俘,李世民灭薛氏后刘弘基获救。又在刘武周进攻太原时战败被俘,侥幸自己逃回,随后配合李世民在介休歼灭宋金刚。因唐朝与突厥关系恶化,常年驻守北边抵御突厥。贞观年间跟随李世民征战高丽。唐高宗时病故。

蒋公屈突通第十二。屈突通原为隋朝大将,杨广南巡江都,被委以镇守都城长安的重任。李渊起兵后进攻长安,屈突通率部下死战,力竭后自杀未遂,最终投降李渊,被封为兵部尚书。后参

与唐朝历次重大军事行动,灭王世充时被评为战功第一。后被委派镇守洛阳。贞观元年病故。

勋公殷峤第十三。殷峤是李渊的旧部,太原起兵时投奔李渊,参与进攻长安。进攻薛举时,在浅水原大败,与刘文静一同被追究责任,贬为庶民。后随李世民灭薛氏有功,得以重新被任用。曾参加李世民历次战役,在进攻刘黑闼时,得病身亡,是凌烟阁功臣中最先去世的一个。

谯公柴绍第十四。柴绍为李渊之婿,娶平阳公主。李渊起兵时身在长安,侥幸逃脱追捕前往太原。曾参与攻克长安,灭薛举、刘武周、王世充、窦建德等重要战役。贞观年间作为主将消灭最后一位反王梁师都。贞观十二年病故。

邳公长孙顺德第十五。长孙顺德是长孙皇后的叔叔。隋炀帝出兵高丽时,长孙顺德为避兵役逃往太原依附李渊。太原起兵时,长孙顺德与刘弘基一同负责招募勇士。进攻长安时任先锋,擒隋主将屈突通。此后功劳不显。贞观年间因多次贪污被弹劾,病故。

郧公张亮第十六。张亮原为李密部下,后随李密一同降唐。因得到房玄龄、李世绩推荐入李世民幕府。贞观年间,因善于行政而颇得信任,又揭发侯君集谋反、随征高丽而屡立功劳。但其后逐渐名声败坏,贞观二十年因谋反被诛杀。

陈国公侯君集第十七。侯君集是李世民的心腹,也是玄武门之变的主要策划人。贞观年间,担任李靖副将击败吐谷浑,又担任主将击灭高昌。回朝后因私吞高昌战利品而被弹劾,为此怀恨

在心。在李世民诸子争做太子的斗争中,侯君集依附太子李承乾,图谋杀李世民拥立李承乾,因事情败露被杀。

郯公张公谨第十八。张公谨原为王世充部下,后投降唐朝,受李靖推荐进入李世民幕府。参与了玄武门之变的谋划。李世民登基后,张公谨作为李靖副将抵御突厥,协助李靖灭亡突厥。次年病故,年仅 39 岁。

卢公程知节第十九。程知节,本名程咬金,原为瓦岗军勇将,李密失败后投降王世充,因不满王世充的为人,与秦琼一同降唐。曾参加李世民历次战役及玄武门之变。唐高宗时出征贺鲁,屠杀已投降的平民,因此免官,后病故。

永兴公虞世南第二十。虞世南是隋朝奸臣虞世基的弟弟,自幼以文学著称。宇文化及江都兵变后被裹胁北返,宇文化及被灭后归附窦建德,窦建德死后入李世民幕府。此后尽心辅佐李世民,被评价为德行、忠直、博学、文辞、书翰五绝。贞观十二年病故。

渝公刘政会第二十一。刘政会是李渊任太原留守时的老部下,随李渊起兵。此后负责留守太原,刘武周进攻时被俘。忠心不屈,寻找机会打探刘武周军情秘报李渊。刘武周灭亡后获救。曾担任刑部尚书,贞观九年病故。

莒公唐俭第二十二。唐家与李家均为北齐大臣,有世交之谊,唐俭与李渊为故友。曾参与李渊太原起兵的策划。最大功劳是揭发独孤怀恩谋反,被特赐免死罪一次。贞观初年负责与突厥外交事宜,被李靖"谋害",竟奇迹般逃生。后来任民部尚书,因怠

于政事被贬。唐高宗年间病故。

英公李绩第二十三。李绩即徐世绩、徐懋功，又称徐茂功，后赐姓李，称为李世绩，为避讳太宗李世民，改名为李绩。原为瓦岗军大将，少年时跟随翟让起兵，翟让死后跟随李密。李密降唐后成为独立势力，但仍坚持以李密部下的身份降唐以示不忘故主，被李渊称为"纯臣"。遭窦建德进攻后，由于父亲被窦建德擒为人质不得已投降。后侥幸逃走。跟随李世民灭王世充、窦建德、刘黑闼，又担任主将灭徐圆朗，随李孝恭灭辅公祏。贞观年间与李靖一起消灭突厥，此后十六年负责唐朝北边防御，多次击败薛延陀势力，又随李世民进攻高丽。李世民死后辅佐唐高宗，担任主将再次出征高丽，终于将高丽灭亡。灭高丽后次年病逝。

胡公秦琼第二十四。秦琼，字叔宝。原为张须陀部下勇将，张须陀死后归裴仁基部下，后随裴仁基投降李密，成为瓦岗军大将。在李密与宇文化及童山之战中立下大功。李密失败后投降王世充，因不满王世充的为人，与程知节一同降唐，分配到李世民帐下。曾参加李世民历次战役，为玄武门之变的主力。后因历次作战负伤太多而疾病缠身，贞观十二年病故。

刘文静为什么会被高祖李渊杀死？

刘文静，彭城（今江苏省徐州市）人，字肇仁，唐初著名大臣。

大业十三年（公元617年），唐国公李渊镇守太原郡，刘文静看出李渊胸有大志，便决定追随李渊左右。刘文静又仔细观察了

李渊之子李世民，对裴寂说："唐国公之子不是平常之人，豁达有如汉高帝，神武好似魏太祖，其人虽然年轻，实为上天赋予。"裴寂开始并不认为如此。后来刘文静因与李密结亲犯了罪，隋炀帝下令将他拘于太原郡监狱。李世民认为刘文静是个可以共谋大事的人，便去狱中探望他。刘文静大喜道："天下大乱，非有商汤、周武、高帝、光武之才不能平定。"李世民说："您怎么知道没有这样的人呢？只恐平常的人看不出罢了。我今日到狱中看您，并非出乎儿女私情。时局如此，故而前来与君共商大计。请试谈一下您的看法。"刘文静说："如今李密长期围攻洛阳，皇上流离迁徙淮南，跨州连郡的大'贼'与阻碍山泽的小'盗'已有几万起了，只等待真主驾马驱驰去夺取。果真能够顺应天命人心，举起义旗大呼，则天下不难平定。现今太原郡逃避盗贼的百姓都来到此城之中，我任县令几年，知道哪些人是豪杰之士，一旦互相召呼着聚集起来，可以得到十万之众，令尊所领之兵又将近几万，君言出口，谁敢不从？乘虚入关，号令天下，不到半年，帝业可成。"李世民笑道："君言正合我意。"于是李世民安排布置宾客，暗中筹划起义，准备伺机而起。刘文静担心李渊不同意，知道李渊与裴寂友情深厚，便介绍裴寂与李世民相交，以便沟通谋划和计议。

不久，太原副留守高君雅兵被突厥打败，留守李渊受到弹劾。李世民又让刘文静与裴寂劝说父亲李渊："如今大乱已经发作，公处嫌疑之地，其势不能图全。今部将兵败，因罪被拘，事情确实急迫，应当拿出办法来。晋阳之地，兵强马壮，宫监之中，府库盈积，以此举事，可立大功。关中天府之地，代王年纪幼小，权

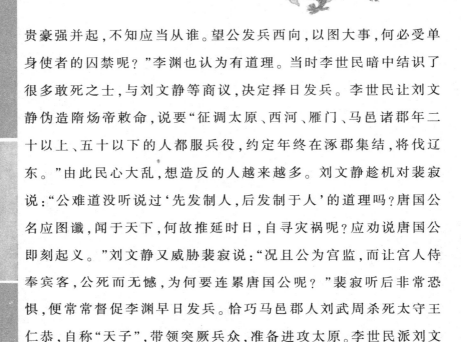

贵豪强并起,不知应当从谁。望公发兵西向,以图大事,何必受单身使者的囚禁呢?"李渊也认为有道理。当时李世民暗中结识了很多敢死之士,与刘文静等商议,决定择日发兵。李世民让刘文静伪造隋炀帝敕命,说要"征调太原、西河、雁门、马邑诸郡年二十以上、五十以下的人都服兵役,约定年终在涿郡集结,将伐辽东。"由此民心大乱,想造反的人越来越多。刘文静趁机对裴寂说:"公难道没听说过'先发制人,后发制于人'的道理吗?唐国公名应图谶,闻于天下,何故推延时日,自寻灾祸呢?应劝说唐国公即刻起义。"刘文静又威胁裴寂说:"况且公为宫监,而让宫人侍奉宾客,公死而无憾,为何要连累唐国公呢?"裴寂听后非常恐惧,便常常督促李渊早日发兵。恰巧马邑郡人刘武周杀死太守王仁恭,自称"天子",带领突厥兵众,准备进攻太原。李世民派刘文静和长孙顺德等以讨伐刘武周为名,划分区域召募士兵,又让刘文静与裴寂伪造敕命文书,调出宫监库物作为发兵之用。

后来,李渊建立大将军府,任刘文静为军司马。刘文静劝李渊改换旗帜,以扩大影响,又请连结突厥以增加兵威,李渊采纳了刘文静的建议。刘文静奉命出使突厥,始毕可汗问:"唐国公起兵,是想干什么?"刘文静说:"先帝废嫡嗣而传位后主,故而天下大乱。唐国公为国家近戚,担心王室毁灭,故起兵想废黜不当即位者。希望与可汗兵马一同进入京师,百姓、土地归于唐国公,财帛和金宝归于突厥。"始毕可汗大喜,即刻派遣大将康鞘利率领2000骑兵跟随刘文静去协助李渊。李渊夸赞刘文静说:"非公善于言辞,怎能有此收获?"不久,刘文静率兵在潼关与留守长安的

隋将屈突通部下桑显和苦战,半日死亡数千人。刘文静趁隋军稍怠之际,暗中派遣奇兵掩袭隋军后路,隋军大败。屈突通的兵马尚有数万,企图逃往东都洛阳。刘文静派兵追击,屈突通兵败被擒,新安县以西全部平定。刘文静转任大丞相府司马,进授光禄大夫,封鲁国公。

义宁二年(公元618年),唐国公李渊即皇帝位,改国号为唐,年号武德,是为唐高祖。高祖任命刘文静为纳言,即侍中。不久,薛举进犯泾州(今甘肃省泾川县北泾河北岸),高祖命秦王李世民为元帅出兵征讨。恰巧李世民有病,于是改派元帅府长史刘文静与司马殷开山出战。刘文静不听李世民告诫,反听取殷开山之计,大败而还,被除去名籍。随后,刘文静跟随秦王征讨薛举,因功恢复了官爵和封邑,被任命为民部尚书、领陕东道行台左仆射。武德二年(公元619年),刘文静随秦王镇守长春宫(在今大荔县朝邑镇西北)。

刘文静自以为才能远远超过裴寂,而且曾屡立军功,而裴寂仅仅因为是高祖的旧交,地位反而在自己之上,因而心中愤愤不平。每次议论大事时,刘文静故意和裴寂作对,因此与裴寂产生了隔阂。刘文静有一次与弟弟刘文起宴饮时,酒后口出怨言,拔刀击柱,说:"一定要斩杀裴寂!"恰巧家中几次出现妖怪,刘文起为此忧虑,便请巫师来家中作法驱除妖孽。偏偏刘文静有个爱妾失宠,便将此事告诉了她哥哥,于是她哥哥诬告刘文静谋反。高祖将刘文静交付属吏,派尚书左仆射裴寂和民部尚书萧瑀审讯。刘文静说:"起义之初,我为司马,估计与长史地位相当。如今裴

寂已官至仆射，居于甲第，赏赐无数。臣的官爵赏赐和众人无异。东征西讨，家口无托，确实有不满之心。"高祖对群臣说："刘文静此言，反心甚明。"李纲、萧瑀都认为刘文静不是谋反。秦王李世民也认为刘文静只是有不满情绪，并没有谋反之心，极力想保全他。但高祖素来疏远猜忌刘文静，裴寂又乘机说："刘文静的才能谋略确实在众人之上，但生性猜忌阴险，忿不顾难，其丑言怪节已经显露。当今天下未定，外有劲敌，今若赦他，必遗后患。"高祖听信了裴寂之言，杀掉了刘文静和刘文起，并抄没了他的家产。刘文静临刑之前，拍着胸口长叹道："高鸟尽，良弓藏。果非虚言！"死时年仅52岁。

刘文静为纳言时，高祖曾有诏书说，秦王及裴寂、刘文静三人为太原元谋功臣，"特恕二死"，即可以赦免两次死罪。不料刘文静第一次犯死罪（而且是被诬陷），就被砍了脑袋。贞观三年（公元629年），太宗李世民恢复了刘文静的官爵。

李孝恭有哪些重大功绩？

李孝恭，高祖的族侄。李孝恭的祖父李蔚，是李虎的第七个儿子（李世民的祖父李昺是李虎第三子）。李孝恭是唐凌烟阁24功臣之一。

李渊当年攻克京师以后，拜李孝恭为左光禄大夫，不久又任他为山南道招慰大使，带军直入巴蜀，攻克30余州。由于李孝恭对降附之人怀之以礼，抚慰有加，因此保全了许多性命，称得上"仁德"二字。高祖武德三年，李孝恭又献计进攻萧铣的割据政

权，李渊非常欣赏他的计策，进爵为王，并改信州为夔州，拜孝恭为总管，命他广造大船，教习士兵水战，准备进攻萧铣。

　　萧铣是后梁宣帝的曾孙。当年北周趁梁国内乱入境大肆掠夺，象征性地保留了梁国。隋文帝时萧铣的爷爷萧岩叛隋入陈。陈国灭亡后，隋文帝杀掉了萧岩。萧铣自幼丧父，家里很穷，靠卖字作书挣钱养活母亲，为人非常孝顺。由于族内的萧氏成为隋炀帝的皇后，萧铣沾光被授予罗川令的官职。隋炀帝大业十三年（公元617年），天下纷乱，起义不断，岳州上下文武官员也趁势想起军叛隋，众人本来要推举校尉董景珍为主，不料这位武人很有自知之明，他对众人说："我家世寒贱，起事以我为名没有号召力。罗川令萧铣是梁国王孙，宽仁大度，有梁武帝之风。我还听说帝王龙兴，都有符名吉兆，隋朝的冠带都叫'起梁'这个称呼，冥冥之中预示着萧家梁国该中兴啊。现在请萧铣为主，不正是应天顺人吗？"众人找到萧铣一说，萧铣果然没有一般书生畏怯怕事之意，马上应承，即日自称梁公，建立梁国旗帜。不久，附近义军和起义官军纷纷前来投奔。后来萧铣自行称帝，署置百官。正好隋炀帝被弑江都，一时间天下无主，岭表诸州纷纷归降萧铣，九江、南郡也相继为梁国所占，当时东至三峡、南尽交趾、北据汉川，全都成了萧铣梁国的地盘，并且其兵力有40余万之多，成为南方雄国。唐高祖武德元年（公元618年），萧铣迁都江陵，开始与刚刚建唐的李家有了遭遇战。由于萧铣属下将领多横恣杀戮，他就以罢兵为名将诸将召回，想趁机剥夺这些将帅的权力。已经当上梁国大司马的董景珍等人相继怨恨叛乱，因而纷纷被杀，从

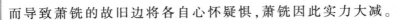

而导致萧铣的故旧边将各自心怀疑惧，萧铣因此实力大减。

武德四年（公元 621 年），李孝恭率大军直逼江陵。萧铣的江州总管盖彦举是个怯懦之辈，乖乖献上五州之地投降。梁将文士弘等人率兵抵抗，结果被李孝恭和李靖打得落花流水。萧铣刚刚为了换将而遣散兵士，身边只有几千人的宿卫之士守城。唐军忽然到来，他急忙下诏追还遣散的各地军队，但梁国疆土辽阔，山河纵横，众军根本来不及赶赴江陵。李孝恭率军将江陵围得水泄不通，很快就攻克了江陵。梁国的交州总管丘和、长史高士廉等人本来是带人来拜谒萧铣的，听说梁国兵败，而萧铣对自己又无恩宠，因此都转头到李靖军门投诚。萧铣禀乘梁家一贯的"仁义道德"，就对属下说："天不助梁，数次亡国。如果战至力屈而降，唐军必因军士死伤而大杀城内百姓。怎能因为一人之故而使百姓遭殃呢？现在城池还未被攻拔，我先出降，可能会保全民众。众人失我，何患无君！"于是他亲自巡城下令投降，守城军士都号哭不已。祭拜完太庙以后，萧铣率官吏赴李孝恭处请降："当死者惟有我萧铣，百姓无罪，请勿杀掠。"李孝恭将萧铣装入囚车，送到京师。

李孝恭平灭萧铣后，被拜为荆州大总管，岭南 49 州皆望风而降。武德七年，李孝恭又率兵击败江东辅公祏的反叛，平定江南，拜扬州大都督，江淮及岭南诸州都归他统辖。隋灭以后，天下纷乱，李氏家族除李世民带兵横行天下外，宗室中只有李孝恭一人能独挡一面，并立有击破梁国的大功。然而，李孝恭天性宽恕退让，没有骄矜自得之色，因此李渊、李世民都对他十分亲待。功

成名就之后，李孝恭不喜反悲，对左右说："我住的大宅子真是太宏丽了些，应该卖掉再买座小院子，能住就可以了。我死之后，诸子有才，守此足矣。如果这些犬子不才，也免得这么好的大宅子便宜了别人。"贞观十四年，李孝恭暴死，时年50岁。李世民亲自举哀，异常悲恸。

长孙无忌有哪些重要功绩？

长孙无忌，字辅机，河南洛阳人，先世是鲜卑族拓跋氏，北魏皇族支系，后改为长孙氏。长孙无忌是唐太宗李世民的内兄，长孙皇后的哥哥。

由于受到唐太宗的特殊信赖，长孙无忌不仅在贞观朝发挥了特殊作用，而且受托辅佐高宗，成为唐初政治史上的特殊人物。

长孙无忌的先祖，是北魏皇族拓跋氏，由于特殊功勋，改姓长孙氏。长孙氏是北魏以来的士族高门，属于军事贵族。不过长孙无忌本人，在军事方面虽有一定的谋略，但并不善于统兵打仗。这种情况与他早年的经历是分不开的。长孙无忌的父亲去世较早，他和妹妹一同在舅父高士廉家中长大。高士廉本人"少有器局，颇涉文史"，很有才华和威望。在这样一个文化素养较高的家庭中，长孙氏兄妹自小受到很好的文化教育。高士廉独具慧眼，早在李渊父子太原起兵之前，就发现李世民是个非等闲之辈，于是把长孙无忌的妹妹嫁予李世民，长孙氏即后来的长孙皇后。长孙无忌的年龄与李世民相仿，二人从小关系甚好，妹妹嫁

给李世民后，两人的关系更加亲密。

从李渊父子晋阳起兵叛隋，到建立唐朝，再到统一天下，长孙无忌一直追随李世民东征西讨、南征北战，但并没有什么显赫功勋。他在政治舞台上崭露头角，是在玄武门事变中。唐朝建立以后，皇室集团发生分裂，最突出的矛盾就是太子李建成和秦王李世民之间争夺皇位继承权的矛盾。李世民的才能、威望和接踵而至的显赫军功，不仅使他本人产生了觊觎皇位的野心，也引起太子李建成的忌妒和不安。开始是李建成想对李世民下毒手，但没有成功。李世民问秦王府的僚属们："阽危之兆，其迹已见，将若之何？"房玄龄对长孙无忌说："今嫌隙已成，一旦祸机窃发，岂惟府朝涂地，乃实社稷之忧，莫若劝王行周公之事，以安国家。存亡之机，间不容发，正在今日。"长孙无忌说："吾怀此久矣，不敢发口，今吾子所言，正合吾心，谨当白之。"于是，房玄龄、杜如晦、长孙无忌一同规劝李世民先发制人，认为只有如此才能转危为安。

此时太子李建成与齐王李元吉也在加紧部署，用重金收买李世民部将尉迟敬德，遭到拒绝后，又对李世民行刺，也没有得逞。李建成对李元吉说："秦府智略之士，可惮者独房玄龄、杜如晦耳。"于是，他俩向李渊谗毁房、杜二人，于是李渊下令将房玄龄、杜如晦逐出秦王府。这样李世民最为心腹之人只有长孙无忌了。长孙无忌坚决支持房玄龄政变的建议，与舅父高士廉及秦王部将侯君集、尉迟敬德等人日夜劝李世民诛杀太子与齐王。李世民仍然犹豫不决，与灵州都督李靖商议，征求行军总管李世绩的

意见，二人都表示不愿意。正在此时，突厥南下侵犯，按惯例应由李世民督军抵御，但此次在李建成的推荐下，由李元吉代替李世民督军北征，并调秦王府将领尉迟敬德等人同行。他们的目的很明显，是想借机抽空秦王府的精兵猛将，并计划在为李元吉饯行时杀掉李世民。李世民得知，立即与长孙无忌等人商量，又派长孙无忌秘密召回房玄龄、杜如晦，共同谋划了玄武门兵变。六月四日，李世民亲率长孙无忌等10人，在玄武门成功地伏杀了李建成和李元吉。

在李世民夺取皇位继承权的兵变中，长孙无忌可谓是首功之人。在酝酿政变时，他态度坚决，竭诚劝谏；在准备政变时，他日夜奔波，内外联络；在政变之时，他临危不惧，亲自到玄武门内。因此唐太宗至死不忘长孙无忌的佐命之功，临死前仍对大臣们说："我有天下，多是此人之力。"

李世民成了皇太子后，长孙无忌被任命为太子左庶子。不久李渊把皇位让给了李世民，长孙无忌升为左武侯大将军，后任吏部尚书，晋封齐国公。唐太宗曾几次打算任命长孙无忌为宰相，但长孙皇后却说："妾备位椒房，家之贵宠极矣，诚不愿兄弟复执国政。"她提醒太宗要吸取汉朝吕氏、霍氏等专权的教训，长孙无忌自己也要求逊职，但太宗不允，拜长孙无忌为宰相，任命他为尚书右仆射。不过长孙无忌为人谨慎小心，注意避免嫌疑，不像历史上很多外戚，倚仗女儿或姐妹"椒房之宠"，肆无忌惮地攫取权力。他以盈满为戒，恳请太宗批准他辞去宰相要职，长孙皇后也为之请求，太宗不得已，让他辞去了尚书右仆射，而拜为开府

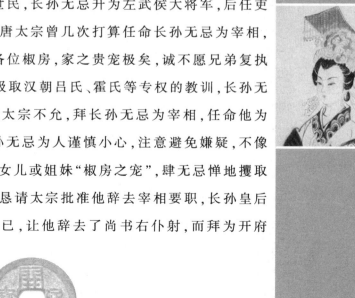

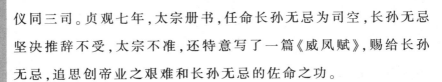
仪同三司。贞观七年，太宗册书，任命长孙无忌为司空，长孙无忌坚决推辞不受，太宗不准，还特意写了一篇《威凤赋》，赐给长孙无忌，追思创帝业之艰难和长孙无忌的佐命之功。

太宗即帝位后，长孙无忌在一些重大事务上也发挥了重要作用。如贞观元年时，突厥因天灾人祸，内部矛盾激化，实力大衰，朝廷中很多大臣请求乘机出兵攻打突厥，但唐与突厥不久前刚订立盟约，太宗有些犹豫。长孙无忌说："虏（突厥）不犯塞而弃信劳民，非王者之师也。"认为"今国家务在戢兵，待其寇边，方可讨击。彼既已弱，必不能来。若深入虏廷，臣未见其可。且按甲存信，臣以为宜"。唐太宗采纳了他的意见，放弃了马上出兵的打算。又如，唐太宗非常仰慕周代的分封制，不顾很多大臣（如魏征、李百药、颜师古等）的反对，诏令以荆州都督荆王元景为首的21名亲王为世袭刺史，以赵州刺史长孙无忌为首的14名功臣为世袭刺史。唐太宗正式下诏，一般大臣不敢再谏，但侍御史马周和太子左庶子于志宁仍冒死谏诤，唐太宗根本不听。最后，以长孙无忌为首的被封功臣呈递了抗封的表文，长孙无忌又通过自己的儿媳长乐公主再三向唐太宗请求，说："臣披荆棘事陛下，今海内宁一，奈何弃之外州，与迁徙何异！"唐太宗才不得不停止分封。

贞观后期，唐太宗心骄志满，魏征多次提出批评劝告，唐太宗口头上接受，却不见行动，不少大臣都阿谀奉承，歌功颂德，其中也包括长孙无忌。唐太宗晚年不好直言，难得征求大臣们的意见，而长孙无忌却以阿谀代替忠谏，这是他作为名臣良佐的缺陷。

后来高宗即位后，拜长孙无忌为太尉，兼检校中书令，知尚

书、门下二省事，长孙元忌辞去了知尚书省事，仍任太尉同中书门下三品。唐高宗即位初年，实际执政的是长孙无忌。长孙无忌忠实执行唐太宗的遗训，继续推行贞观政治：贯彻均田令，社会经济进一步繁荣发展；贯彻以诗赋取士，增加进士科人选，扩大统治基础；亲自组织编写《唐律疏义》，并将其颁行全国，进一步完善了贞观法制；又平定了西突厥的叛乱，有力地维护了大唐王朝的统一；特别是恢复执行唐太宗晚年曾一度中断了的休养生息政策，停止了长期对高丽的战争，顺民情，得民心。高宗统治初年，即永徽年间，唐朝在政治、经济、文化、法律、军事等各方面都比贞观时期有所发展，被封建史家誉为"永徽之治"。

多年以后，长孙无忌因反对立武则天为后，在流放之地重庆自缢而死。

杜如晦为何受到唐太宗的器重？

杜如晦，凌烟阁二十四功臣之一，唐初名相，字克明，京兆杜陵（今陕西西安东南）人。

唐武德元年（公元 618 年），杜如晦被李世民引为秦王府属官。杜如晦经常跟随李世民东征西讨，参与机要、军国大事，剖断如流。武德四年，李世民建立天策府，任杜如晦为从事郎中。当时，李世民弟兄间皇位继承的争夺非常激烈，太子李建成企图剪除李世民的羽翼，在唐高祖李渊面前诋毁中伤李世民的幕僚，因此杜如晦和房玄龄一同被逐出秦王府。武德九年，杜如晦潜入秦王府谋划玄武门之变。李世民即位后，杜如晦升任兵部尚书，进

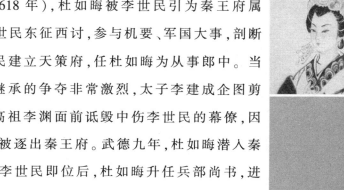

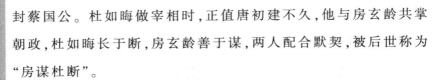

封蔡国公。杜如晦做宰相时,正值唐初建不久,他与房玄龄共掌朝政,杜如晦长于断,房玄龄善于谋,两人配合默契,被后世称为"房谋杜断"。

杜如晦自幼聪颖,好谈文史,是个典型的彬彬书生。隋炀帝大业年间,杜如晦作为候补官员,只补个滏阳尉的小官,不久就弃官回家。大业十三年(公元 617 年)底,李渊父子率军攻克长安,次年建立唐朝。秦王李世民素闻杜如晦足智多谋,便将他召进府中任兵曹参军。唐政权初建,需要向各地选派官员。当时秦王府聚集了许多有才能的幕僚,一部分已被调出去任职。房玄龄对李世民说:"杜如晦聪明有胆识,是一个难得的人才。你以后要建立帝业,必须得此人辅佐。别的人全调走不足惜,唯杜如晦不可舍。"李世民听到房玄龄这么说,立即上奏唐高祖,要求将杜如晦留在秦王府。此后,杜如晦跟随李世民左右,参与军政要事,成为李世民智囊集团中的核心人物。

武德元年(公元 618 年)八月,盘据今陇右一带的薛举兵强马壮,趁李唐政权尚未站稳脚跟,出兵东犯。高祖李渊派李世民统兵征讨,杜如晦随军参赞,经过两次交战,唐军彻底打垮了西秦的势力,解除了西北方面的威胁。其后,李世民连续统兵东征刘武周、宋金刚、王世充等武装割据势力,杜如晦每每随行,为李世民参谋帷幄,决胜于疆场。他遇事善断,处理公务迅速准确,是同僚中最为干练的人才。武德四年(公元 621 年)十月,李世民为了笼络人才,研究文籍,设立了文学馆,设置十八学士,杜如晦被选为学士。

随着唐政权的巩固和发展，在皇太子李建成和秦王李世民之间，逐步展开了一场争夺皇位继承权的斗争。杜如晦和房玄龄为李世民出谋划策，鼓动他先发制人，发动政变，除掉李建成和李元吉。与此同时，李建成和李元吉也在加紧策划，打算分化瓦解秦王府中的骨干力量，他们深知"秦王府中可惮者，唯杜如晦与房玄龄耳"。于是，他们便向高祖上奏，说房、杜二人对朝廷不利。高祖便下令将房、杜二人赶出秦王府。当李世民下定决心要与李建成、李元吉进行最后决战时，便密派尉迟敬德召回房玄龄、杜如晦。杜如晦化装成道士模样，随长孙无忌潜入秦王府。在经过一番周密策划安排之后，武德九年（公元 626 年）六月四日凌晨，李世民率杜如晦、尉迟敬德等一班亲兵亲将，发动了著名的"玄武门事变"，杀死了李建成和李元吉，消灭了政敌。

唐太宗登基后不久，杜如晦就被太宗拜为兵部尚书，进封蔡国公。贞观初年，他与房玄龄共掌朝政，制定典章，品选官吏。贞观四年，杜如晦病重，李世民亲自去他家中探望，抚之流泪。即使皇帝如此敬重杜如晦，杜如晦依旧抗不过疾病的魔爪，死时年仅46 岁。太宗甚为悲痛。后来有一次唐太宗在吃美味香瓜时，忽然忆起杜如晦，怆然泪下，派人以所食香瓜的一半奠于杜如晦的灵牌前。在杜如晦的每年忌日，太宗都派人到他家里慰问他的夫人儿子，并且一直保持着他公府的官吏僚佐职位。

房玄龄有哪些重要作为？

房玄龄，别名房乔，字玄龄（一说名玄龄，字乔松），齐州临淄

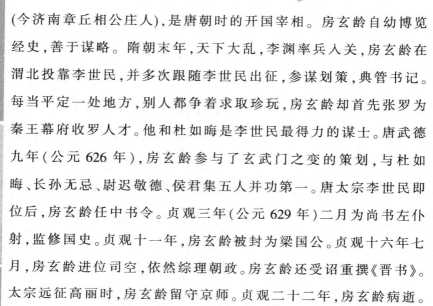

(今济南章丘相公庄人),是唐朝时的开国宰相。房玄龄自幼博览经史,善于谋略。隋朝末年,天下大乱,李渊率兵入关,房玄龄在渭北投靠李世民,并多次跟随李世民出征,参谋划策,典管书记。每当平定一处地方,别人都争着求取珍玩,房玄龄却首先张罗为秦王幕府收罗人才。他和杜如晦是李世民最得力的谋士。唐武德九年(公元626年),房玄龄参与了玄武门之变的策划,与杜如晦、长孙无忌、尉迟敬德、侯君集五人并功第一。唐太宗李世民即位后,房玄龄任中书令。贞观三年(公元629年)二月为尚书左仆射,监修国史。贞观十一年,房玄龄被封为梁国公。贞观十六年七月,房玄龄进位司空,依然综理朝政。房玄龄还受诏重撰《晋书》。太宗远征高丽时,房玄龄留守京师。贞观二十二年,房玄龄病逝。

贞观之前,房玄龄协助李世民经营四方,削平群雄,夺取皇位。李世民称赞他有"筹谋帷幄,定社稷之功"。贞观年间,他辅佐太宗,总领百司,掌政务达20年;并参与制定典章制度,主持律令、格敕的修订,曾与魏征同修唐礼;调整政府机构,裁并中央官员;善于用人,不求备取人,也不问出身贵贱,因才授任;恪守职责,不居功自傲。后世将房玄龄和杜如晦作为良相的典范,并称为"房谋杜断"。

魏征的最主要功绩是什么?

魏征,字玄成,唐初杰出的政治家、思想家、史学家,河北巨鹿人。魏征自幼父母双亡,家境贫寒,但喜爱读书,曾出家当过道士。隋大业末年,魏征被隋武阳郡(治所在今河北大名东北)丞元

宝藏任为书记。元宝藏归降李密以后，魏征被李密任为元帅府文学参军，专掌文书卷宗。

唐高祖武德元年（公元618年），李密失败后，魏征随李密入关降唐，但并不被重用。次年，魏征毛遂自荐，自请安抚河北，得到批准后，到黎阳（今河南浚县）劝说李密的黎阳守将徐世绩归降唐朝。不久，窦建德攻占黎阳，魏征被俘。窦建德失败后，魏征又回到长安，被太子李建成引用为东宫僚属。魏征看到太子与秦王李世民的冲突愈演愈烈，于是多次劝李建成先发制人，及早动手。然而，李建成还是败在了弟弟李世民手上。

玄武门之变以后，李世民由于非常器重魏征的胆识和才能，非但没有怪罪于他，而且还把他任为谏官之职，并经常引入内廷，询问政事得失。魏征因感激这份知遇之恩，竭诚辅佐李世民，知无不言，言无不尽。加上他性格耿直，往往据理抗争，从不委曲求全，因此以进谏著称。有一次，唐太宗曾向魏征问道："何谓明君、暗君？"魏征回答说："君之所以明者，兼听也，君之所以暗者，偏信也。以前秦二世居住深宫，不见大臣，只是偏信宦官赵高，直到天下大乱以后，自己还被蒙在鼓里；隋炀帝偏信虞世基，天下郡县多已失守，自己也不得而知。"太宗对魏征这番话深表赞同。

贞观元年（公元627年），魏征被升任尚书左丞。此时，有人弹劾他私自提拔亲戚作官，唐太宗立即派御史大夫温彦博调查此事。结果，查无证据，纯属诬告。但唐太宗仍派人转告魏征说："今后要远避嫌疑，不要再惹出这样的麻烦。"魏征当即面奏说：

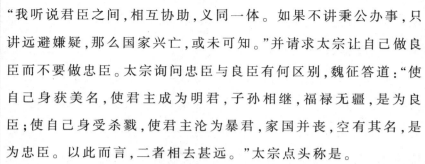

"我听说君臣之间，相互协助，义同一体。如果不讲秉公办事，只讲远避嫌疑，那么国家兴亡，或未可知。"并请求太宗让自己做良臣而不要做忠臣。太宗询问忠臣与良臣有何区别，魏征答道："使自己身获美名，使君主成为明君，子孙相继，福禄无疆，是为良臣；使自己身受杀戮，使君主沦为暴君，家国并丧，空有其名，是为忠臣。以此而言，二者相去甚远。"太宗点头称是。

贞观二年（公元628年），魏征被授为秘书监，并参掌朝政。不久，长孙皇后听说一位姓郑的官员有一位年仅十六七岁的女儿，才貌出众，京城之内，数一数二，于是便告诉了太宗，请求将她纳入宫中，备为嫔妃，于是太宗下诏将这一女子聘为妃子。魏征听说这位女子已经许配陆家，便立即入宫进谏："陛下为人父母，抚爱百姓，当忧其所忧，乐其所乐。居住在宫室台榭之中，要想到百姓都有屋宇之安；吃着山珍海味，要想到百姓无饥寒之患；嫔妃满院，要想到百姓有室家之欢。现在郑民之女，早已许配陆家，陛下未加详细查问，便将她纳入宫中，如果传闻出去，难道是为民父母的道理吗？"太宗听后大惊，当即深表内疚，并决定立刻收回成命。但房玄龄等人却认为郑氏许人之事，纯属子虚乌有，坚持诏令有效。陆家也派人递上表章，声明以前虽有资财往来，却并无订亲之事。唐太宗将信将疑，又召来魏征询问。魏征直截了当地说："陆家之所以否认此事，是害怕陛下以后借此加害于他。其中缘故十分清楚，不足为怪。"太宗这才恍然大悟，于是坚决收回了诏令。

魏征是个能够犯颜直谏的人，即使太宗在大怒之际，他也敢

当面直言力谏,从不退让,因此,唐太宗有时对他也会产生敬畏之心。有一次,唐太宗想要去秦岭山中打猎取乐,行装都已准备妥当,但却迟迟未能成行。后来,魏征问及此事,太宗笑着答道:"当初确有这个想法,但害怕你又要直言进谏,所以很快又打消了这个念头。"还有一次,太宗得到了一只上好的鹞鹰,把它放在自己的肩膀上,很是得意。但当他看见魏征远远向他走来时,便赶紧把鸟藏在怀中。魏征故意奏事很久,致使鹞子闷死在太宗怀中。

贞观十年(公元 636 年),魏征奉命主持编写的《隋书》、《周书》、《梁书》、《陈书》、《齐书》等,历时 7 年,才告完稿。其中《隋书》的序论、《梁书》、《陈书》和《齐书》的总论都是魏征所撰。同年六月,魏征因患眼疾,请求解除侍中之职。

贞观十二年(公元 638 年),魏征看到唐太宗逐渐懈怠,不再勤于政事,转而追求奢靡,于是奏上著名的《十渐不克终疏》,列举了唐太宗执政初到当前为政态度的十个变化。他还向太宗上了"十思",即"见可欲则思知足,将兴缮则思知止,处高危则思谦降,临满盈则思挹损,遇逸乐则思撙节,在宴安则思后患,防拥蔽则思延纳,疾谗邪则思正己,行爵赏则思因喜而僭,施刑罚则思因怒而滥"。另一说为"诚能见可欲,则思知足以自戒;将有所作,则思知止以安人;念高危,则思谦冲而自牧;惧满盈,则思江海下百川;乐盘游,则思三驱以为度;忧懈怠,则思慎始而敬终;虑壅蔽,则思虚心以纳下;畏谗邪,则思正身以黜恶;恩所加,则思无因喜以谬赏;罚所及,则思无以怒而滥刑"。

贞观十六年(公元642年),魏征染病不起,唐太宗派人前去探望。魏征一生节俭,家无正寝,唐太宗立即下令把为自己修建小殿的材料,全部为魏征营构大屋。不久,魏征病逝。太宗亲临吊唁,痛哭失声,并说:"夫以铜为镜,可以正衣冠;以古为镜,可以知兴替;以人为镜,可以明得失。我常保此三镜,以防己过。今魏征殂逝,遂亡一镜矣。"

魏征在贞观年间先后上疏200多条,强调"兼听则明,偏听则暗",这对唐太宗开创千古称颂的"贞观之治"起了相当大的作用。

尉迟恭降唐经历了怎样的曲折?

尉迟恭,字敬德,朔州鄯阳(今山西朔城区)人,生于隋开皇四年(公元585年),卒于唐高宗显庆三年(公元658年)。唐朝大将,凌烟阁二十四功臣之一。传说尉迟恭面如黑炭,在中国传统文化中,他与秦琼是"门神"的原型。

尉迟敬德出身贫寒,年轻时以打铁维持生活。隋朝末年,战乱频繁,土木不息,苛捐杂税,百姓苦不堪言。尉迟敬德以打铁为生,更难以维持正常的生括,于是他在高阳应募入伍,跟从隋炀帝征伐高丽,被封为朝散大夫。随后,隋炀帝弄得民不聊生,农民起义此起彼伏,接连不断。大业十三年(公元617年),马邑鹰扬府校尉刘武周举起反隋大旗,建元天兴,尉迟敬德投奔刘武周麾下,被授为偏将。唐武德二年(公元619年),尉迟敬德奉刘武周之命,会同宋金刚率兵2万进攻河东,尉迟敬德勇猛善战,锐不

可当,节节取胜,使关中大震。

太原起兵的唐国公李渊建唐以后,部将宋金刚建议刘武周"入图晋阳(今山西太原市西南),南向以争天下"。武德二年三月,刘武周在突厥支持下举兵南下,尉迟敬德也在其中。九月,刘武周占领太原。尉迟敬德跟随宋金刚继续南下,攻克晋州(治今山西临汾)。十月,又攻占浍州(治翼城,今属山西)。此时夏县(今山西夏县西北禹王城)人吕崇茂起兵响应刘武周,击败唐右仆射裴寂。唐高祖李渊诏令永安王李孝基、工部尚书独孤怀恩、陕州总管于筠、内史诗郎唐俭等率兵讨伐吕崇茂。双方大军对峙于夏县。

同月,秦王李世民奉命率领关中兵进攻刘武周。十一月,李世民率军自龙门关(今山西河津西北)乘坚冰过黄河,屯兵柏壁,与宋金刚军对峙,并同固守绛州(治正平,今山西新绛)的唐军形成犄角之势,进逼宋金刚军。

十二月,吕崇茂向宋金刚求援,宋金刚派尉迟敬德和寻相率兵潜往夏县,接应吕崇茂。尉迟敬德与吕崇茂里应外合,夹击唐军,唐军大败,李孝基、独孤怀恩、于筠、唐俭及行军总管刘世让全部被尉迟敬德俘获。唐高祖李渊为了救回被俘诸将,便免去其罪,派人招降了吕崇茂,拜为夏州刺史。同时还让吕崇茂暗中除掉尉迟敬德,尉迟敬德闻讯后,将吕崇茂杀死。

尉迟敬德、寻相击败唐军以后,回师浍州。李世民闻讯后,立即派兵部尚书殷开山、总管秦叔宝等在美良川(今山西夏县北)截击尉迟敬德,尉迟敬德毫无准备,大败而归。

不久，尉迟敬德、寻相秘密率精骑前往蒲坂（今山西永济西南蒲州镇），救援王行本。李世民又亲自率领3000步骑连夜从小路赶到安邑（今山西运城东北安邑），截击尉迟敬德和寻相的军队。尉迟敬德此次败得更惨，除自己和寻相脱逃外，其众全部被唐军俘虏。唐将独孤怀恩也乘机逃走。

当时独孤怀恩本打算反唐自立，在狱中曾将此事告诉了唐俭。独孤怀恩逃回后，又奉命攻打蒲坂。唐俭闻讯后，担心独孤怀恩反唐，便说服了尉迟敬德允许他派人给李渊报信。李渊闻讯后将独孤怀恩诛杀。由此可以看出，尉迟敬德当时已有归唐之心。

武德三年（公元620年）四月，与唐军相持约5个月的宋金刚军终因粮秣断绝，被迫以寻相部为后卫，向北撤退。李世民立即率军跟踪追击，大败宋金刚军。宋金刚率余部2万精兵退至介休（今属山西），出西门而战，宋金刚惨败逃走。刘武周放弃并州（治晋阳，今山西太原西南），与宋金刚逃往突厥，后被突厥所杀。

尉迟敬德收拢残兵，坚守介休。李世民素闻他武勇出众，于是派任城王李道宗和宇文士及（宇文化及的弟弟，后投靠唐，随李世民征王世充、窦建德）进城劝降。尉迟敬德因早有归唐之心，于是与寻相以介休、永安（今山西霍县）二城降唐。李世民见尉迟敬德来降，非常高兴，任命尉迟敬德为右一府统军。李世民对尉迟敬德的过分信任引起唐军众将的不满，李世民行军元帅长史屈突通怕尉迟敬德会反复，多次向李世民提起此事，均被李世民拒绝。

七月，秦王李世民奉命率军东征隋洛阳守将王世充。九月，

寻相和刘武周的一些旧将相继叛变逃走，唐朝诸将对尉迟敬德也开始怀疑起来，认为尉迟敬德也会叛变，就把他关押在军中。二十一日，行台左仆射屈突通与尚书殷开山向李世民进言道："敬德初归国家，情志未附。此人勇健非常，絷之又久，既被猜贰，怨望必生。留之恐贻后悔，请即杀之。"李世民却说："寡人所见，有异于此。敬德若怀翻背之计，岂在寻相之后耶？"李世民当即释放了尉迟敬德，引入内室，并对他说："丈夫以意气相期，勿以小疑介意。寡人终不听谗言以害忠良，公宜体之。必应欲去，今以此物相资，表一时共事之情也。"李世民这番话，使尉迟敬德内心十分激动，从此他终生为李世民效力，成为君臣关系的楷模。

贞观十七年（公元643年）二月，尉迟敬德请求回家养老。二十五日，朝廷任命尉迟敬德为开府仪同三司，五天一上朝。二十八日，唐太宗命人在凌烟阁画二十四功臣图，尉迟敬德名列其中，位于第七名。

贞观十九年（公元645年）二月十二日，唐太宗由洛阳出发，亲征高丽。十七日，唐太宗下诏令太子监国。此时，已经在家养老的尉迟敬德上书进言："车驾若自往辽左，皇太子又在定州，东西二京，府库所在，虽有镇守，终是空虚。辽东路遥，恐有玄感之变。且边隅小国，不足亲劳万乘，伏请委之良将，自可应时摧灭。"尉迟敬德的建议本是个很好的建议，但唐太宗志在建功立业，没有采纳，反而让尉迟敬德跟随唐军一起出征高丽。尉迟敬德这次出征没立下什么战功。回京后，尉迟敬德继续回家养老，不问世事。

唐高宗显庆三年（公元658年）十一月二十五日，尉迟敬德

在家中去世,享年 74 岁。高宗为此废朝 3 日,下令在京五品以上的官员都去参加吊唁。同时册赠尉迟敬德为司徒、并州都督,谥号忠武,赐葬昭陵(唐太宗陵园,在今陕西礼泉县东北)。

李靖在军事上有哪些重大作为?

李靖,字药师,雍州三原(今陕西三原县东北)人,唐初杰出的军事家将领、军事理论家。

李靖出生于官宦之家,是隋将韩擒虎的外甥。祖父李崇义曾任殷州刺史,封永康公;父李诠也是隋朝大臣,曾任赵郡太守。李靖长得仪表魁伟,由于受到家庭的熏陶,从小就有文武才略,又颇有进取之心,他曾对父亲说:"大丈夫若遇主逢时,必当立功立事,以取富贵。"

隋大业(公元 605~617 年)末年,李靖出任马邑郡(治今山西朔县东)丞。此时,反隋暴政的农民起义已风起云涌,河北窦建德,河南翟让、李密,江淮杜伏威、辅公祐等领导的 3 支主力军以摧枯拉朽之势,涤荡着隋朝的腐朽统治。身为隋朝太原留守的李渊也在暗中招兵买马,伺机而动。李靖察觉了李渊这一动机,于是打算前往江都,告发此事。但当到了京城长安时,关中已经大乱,因道路阻塞而不能前行。不久,李渊在太原起兵,并迅速攻占了长安,俘获了李靖。李靖满腹经纶,壮志未酬,在临刑前大声疾呼:"公起义兵,本为天下除暴乱,不欲就大事,而以私怨斩壮士乎!"李渊很欣赏他的言谈举动,李世民也爱慕他的才识和胆气,所以将他释放。不久,李靖被李世民召入幕府,充做三卫。

武德元年（公元 618 年）五月，李渊建唐称帝，李世民被封为秦王。为了平定割据势力，李靖跟随秦王东进，平定在洛阳称帝的王世充，并因军功授任开府。从此，李靖开始崭露头角。

武德六年，李靖任副元帅，辅佐李孝恭镇压辅公祏领导的江淮起义军。武德七年，平定了辅公祏起义后，唐在蒋州（今江苏南京）设立行台，以李靖为行台兵部尚书，后来行台被废，李靖改任检校扬州大都督府长史。武德八年，东突厥入侵太原，京师戒严，李靖受任行军总管，率江淮兵北上御敌。突厥退后，李靖被封为检校安州（今湖北安陆）大都督。

太宗即位后，李靖历任刑部、兵部尚书，检校中书令。贞观三年（公元 629 年），李靖任代州道行军总管，与李勣分道出击东突厥，次年正月，李靖率 3000 骁骑在定襄（今内蒙古和林格尔北）夜袭颉利可汗，颉利可汗逃走。李靖随即与李勣会师白道（今内蒙古呼和浩特西北），乘胜追击，突厥部众溃散，颉利可汗西奔被擒。东突厥灭亡。北方从此安定下来。李靖因功进封代国公，任尚书右仆射。

贞观八年，吐谷浑入侵中原。当时李靖因患足疾，在家休养。太宗说："得李靖为帅，岂非善也。"李靖听闻太宗此言，便请命抗敌。太宗大喜，命李靖为西海道大总管西征。次年，李靖深入敌境，平定吐谷浑。还朝后，李靖长期养病在家，不见宾客。贞观十一年，李靖改封卫国公。贞观二十三年，李靖病逝。

李靖军功卓越，才兼文武，出将入相，为唐朝的统一与巩固立下了赫赫战功。同时，他治军、作战又积累了一套成功的经验，

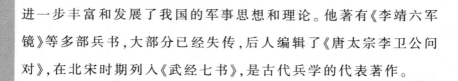

进一步丰富和发展了我国的军事思想和理论。他著有《李靖六军镜》等多部兵书，大部分已经失传，后人编辑了《唐太宗李卫公问对》，在北宋时期列入《武经七书》，是古代兵学的代表著作。

柴绍有哪些重要战功？

柴绍，字嗣昌，晋州临汾（今山西临汾）人，唐朝大将，凌烟阁二十四功臣之一。柴绍的祖父柴烈曾是北周骠骑大将军，历任遂、梁二州刺史；父亲柴慎，是隋太子右内率，封钜鹿郡公。柴绍出身于将门，自幼矫捷勇猛，以抑强扶弱而闻名。唐国公李渊将三女儿（即后来的平阳公主）嫁给了柴绍。唐朝建国以后，柴绍被封为霍国公。

隋义宁元年四月，李渊在晋阳起兵，并秘密派人召回当时还在长安的柴绍夫妇。二人接到信后，商定让柴绍立即自长安启程赶往晋阳，李夫人则留下自寻出路。柴绍路遇自河东出发的李建成、李元吉二人，说服李建成打消落草的念头，三人加紧赶路前往太原。到了雀鼠谷时，听说李渊已于五月十五日宣告起兵，三人相互庆贺，李建成兄弟均称赞柴绍的主意。

李渊太原起兵后，于六月建大将军府，授柴绍右领军大都督府长史之职。七月初五，李渊统甲士3万于晋阳誓师出发，柴绍兼领马军总管。李渊大军即将行至霍邑时，柴绍到城下侦察了隋守将宋老生的布防，回来后对众将领说："老生有匹夫之勇，我师若到，必来出战，战则成擒矣。"八月初三，李渊计诱宋老生出城，两路夹击，大败隋军。李渊攻取霍邑后，沿汾水南下，一路攻城掠

地,柴绍每战必当先登城破阵,因功被授予右光禄大夫。十五日,李渊率军进至龙门。九月初,隋将屈突通派桑显和率数千名士卒乘夜袭击王长谐等军,王长谐等初战不利。柴绍与史大奈率轻骑从侧后袭击桑显和军,桑显和大败,败回河东。十一月初九,李渊攻克长安,拥立杨侑即位,柴绍被封为临汾郡公。

公元618年五月,李渊在长安称帝,建立唐朝,是为唐高祖。柴绍拜为左翊卫大将军。此后,柴绍跟随秦王李世民参加了统一战争。先后平薛举,破宋金刚,败王世充,擒获窦建德,又参与了洛阳之战和虎牢关之战,屡立战功,因此被封为霍国公,并转为右骁卫大将军。

武德六年四月,吐谷浑兴兵犯唐,芳州刺史房当树逃往松州。二十一日,吐谷浑军进扰洮、岷二州。五月初五,柴绍奉命率兵前去救援。十五日,吐谷浑及党项侵犯河州,河州刺史卢士良将其击败。六月,柴绍军进至岷州。二十九日,柴绍与吐谷浑作战,被围困在一个山谷中。吐谷浑军据高临下,射击柴绍军,箭如雨下,形势危急,唐军兵将皆大惊失色。柴绍临危不惧,安然而坐,让人弹奏胡琵琶,并让两个美貌女子翩翩对舞。吐谷浑士卒非常奇怪,都放下弓矢驻足观瞧。柴绍见吐谷浑军阵容不整,乘其不备,暗遣精骑绕到吐谷浑军背后,突然袭击,大败吐谷浑军。八月,吐谷浑归附唐朝。这次战役,柴绍在被围困的情况下,临危不乱,施用美人计迷惑吐谷浑军,终获胜利。美人计虽在历史上屡次被使用,但像柴绍这种用法,可谓前无古人,后无来者。

自武德七年三月起,突厥不断侵犯唐边境。八月二十三日,

柴绍率军在杜阳谷击败了突厥军。武德八年十月十七日，突厥军侵扰鄜州，柴绍奉命前去救援。武德九年六月初七，玄武门之变之后，李渊立李世民为皇太子。柴绍拜为右卫大将军。七月初三，柴绍在秦州击败突厥。八月初九，李世民即皇帝位，是为唐太宗。贞观二年，唐太宗命柴绍与薛万均率军进攻梁师都。突厥发兵救援梁师都，柴绍军在离朔方数十里处与突厥军遭遇。柴绍率军唐军奋勇出击，大破突厥军，乘胜包围朔方城。四月二十六日，梁师都堂弟梁洛仁杀死梁师都，举城投降。柴绍因功转为左卫大将军。

贞观三年十一月，突厥军进扰河西。二十三日，柴绍奉命为金河道行军总管，参与唐灭东突厥的战争，与李绩、李靖、李道宗、李孝杰、薛万彻等另外5路共同出击。唐军共计10余万，于贞观四年正月出征，最终灭掉了东突厥。

贞观十二年，柴绍病重，唐太宗亲自前去探望。不久，柴绍去世。

贞观十七年二月二十八日，唐太宗命人在凌烟阁画二十四功臣图，柴绍名列第十四。

程咬金是一个怎样的人物？

程咬金，济州东阿（今山东东平西南）人，原名咬金，后更名为知节，字义贞，生于隋文帝开皇九年（公元589年），卒于唐麟德二年（公元665年），享年73岁。唐初大将，封卢国公，凌烟阁二十四功臣之一。

程咬金年轻时就骁勇异常,善于马上击槊。隋末天下纷乱,程咬金聚数百徒众,捍卫乡里。李密起兵后,程咬金前去投靠。当时李密精选8000名勇敢异于常人的兵士,以四骠骑统领,号为内军,程咬金即为四骠骑之一。

李密与王世充交战时,程咬金领内马军与李密在北邙山指挥。王世充率众猛攻单雄信统领的外马军,李密见状,命令程咬金与裴行俨前去支援。裴行俨也是勇猛骑将,先行冲阵,行到中途时,不料被流矢射中,滚落马下。程咬金挺身而出,一骑先行,击杀敌人。随后程咬金下马将受重伤的裴行俨抱上马,二人骑一匹马往回走。王世充又派骑兵追击,由于马上还有裴行俨这名伤员,程咬金的动作不如平时灵活,一根尖槊扎进他的身体,这位大英雄牙关紧咬,回身生生将槊把折断,顺手一带把追刺他的兵士拉至近前,手起刀落,斩下了他的头颅。后面的追兵大惊失色,谁都不敢再近前,最终二人平安归营。

李密与王世充大小近百战,胜多败少,但在洛水之战中,李密大败,不得不败投李渊。程咬金、单雄信、秦叔宝等人不得已归附了王世充。由于王世充为人器量浅狭,性多猜忌,平时又胡乱妄语,喜欢诅咒发誓,迷信神怪,根本不是拨乱济世之主。不久,程咬金、秦琼等人便在九曲阵前倒戈归唐。

归唐后,程咬金每阵必先,随李世民破宋金刚,擒窦建德,降王世充,因军功封为宿国公。高祖武德七年,太子李建成为了剪除秦王李世民的左右羽翼,把程咬金外调为康州刺史。情急之下,武人出身的程咬金对李世民以言语相激:"大王手臂今并剪

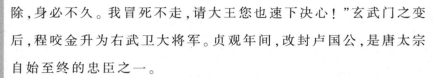

除，身必不久。我冒死不走，请大王您也速下决心！"玄武门之变后，程咬金升为右武卫大将军。贞观年间，改封卢国公，是唐太宗自始至终的忠臣之一。

唐高宗显庆元年（公元656年），程咬金任葱山道行军大总管，负责讨伐西突厥，进攻西突厥歌逻、处月二部落，斩杀敌兵将1000余人。十二月，程咬金引军至鹰娑川，遇突厥强兵4万骑，唐前军总管苏定方率500骑兵驰迎冲击，西突厥大败，杀获1500多人，缴获的战马及器械，漫山遍野，不可胜数。副大总管王文度非常嫉妒苏定方的大功，对程咬金说："现在虽说是获胜，但官军也有死伤，千万不要急追敌寇，应自结方阵，慢慢谨慎前行，敌则战，万全之策。"更出格的是，王文度还对人宣称皇上有密旨给他，让程咬金及全军归他指挥，并下令军队不许深入追敌。可怜远道万里的唐军士卒终日骑行马上，严冬朔风，身披重甲缓缓而行，粮草不济，人马相继冻病而死。苏定方劝程咬金说："我们出师的目的是为了歼敌，现在反而坐困自守，敌来必败，如此怯懦，何以立功！皇上以您为大将，怎么可能又密诏副手发号施令，其中肯定有诈。请下令把王文度抓起来，飞表上奏皇上弄个清楚。"可叹英雄已老，此时程咬金已无青壮年时代的锐气，摇头拒绝了苏定方的建议。

唐军行至恒笃城，有数千胡人归降。王文度说："这些人等我们离开，肯定又会反叛，不如全部杀掉，还能得大笔资财。"苏定方说："如果这样干，我们自己倒成贼了，怎能称得上是为国伐叛！"然而，程咬金默许了王文度。几千胡人被杀得精光，王文度

将胡人的财产分与众将士,只有苏定方没有接受。回师以后,事情败露,王文度因矫诏理应处死,因皇帝恩宽予以除名免职。程咬金因逗留不进,不努力追敌,减死免官。高宗麟德二年(公元665年),程咬金善终于家中。赠骠骑大将军,陪葬昭陵。

秦琼经历了怎样的戎马生涯?

秦琼,字叔宝,齐州历城(今山东济南市)人。秦琼是唐初著名大将,勇武威名震慑一时,是一个万马军中取人首级犹如探囊取物的传奇式人物,曾追随李渊父子南北征战,立下了汗马功劳,居于凌烟阁二十四功臣之一。在民间,他与尉迟恭同为传统门神。

秦琼的先祖是北朝有名的大将,门庭荣显。隋朝时,秦氏家族曾一度中落,沦为庶族。受其家风的熏染,加上自己又处于一个天下扰攘、戎马生涯的大动乱时代,少年时代的秦琼就十分崇尚武力,喜好弓马,立下了成就一番伟业的雄心壮志。

秦琼刚开始只是隋将来护儿帐内一个不起眼的士兵。在隋末天下大乱之时,秦琼投靠了隋将张须陀,并在张须陀手下显示出了卓越的军事才能,大败农民军首领卢明月。在之后的战斗中,秦琼骠悍的个性得以充分发挥,并且因战功卓著而屡被提升。

然而,当张须陀碰到李密时,他的生命也就走到了尽头。李密是瓦岗军后期的领袖。公元613年,他与杨玄感一起在黎阳(今河南浚县东北)起兵反隋。事败之后,李密逃亡。后来,李密加

入了瓦岗军。李密善于谋略，逐步在瓦岗军内部形成了自己的势力，加上他治军严谨，赏赐优厚，士卒都乐意为他效劳。

张须陀前来讨伐，不料中了李密之计，兵败身死。失去主心骨的秦琼只好率领自己的残部投靠了裴仁基。后来，秦琼又随同裴仁基投降了李密。

秦琼为人忠心耿耿，深得李密的信任。不久，秦琼被李密任命为骠骑将军。

秦琼果然没有辜负李密的厚爱。一次作战中，李密被流箭射中，坠落马下，不省人事。此时李密的左右随从早已被敌军打得落花流水，四处逃窜，昏迷的李密无人看守，情况十分危急。幸亏秦琼拼死相救，并集结散兵游勇，这才击退了凶悍的追兵，保住了李密的性命。

后来李密失败，秦琼归附隋将王世充，被任命为龙骧大将军。在隋末英雄中，王世充虽然是一个佼佼者，能言善辩，明晓法律，精通兵法，但他最致命的缺陷就是为人狡诈，内心险恶。因此，虽然他对秦琼青睐有加，但秦琼一直心存异志。后来，秦琼抓住机会，与程咬金等人一起离开王世充，投靠了雄才大略的李世民。

创业阶段的李世民此时正在广收人才，因此，为人忠诚且身手不凡的秦琼深得李世民欣赏。归顺唐营不久，秦琼就被委任为马军总管。

此后，秦琼跟随秦王李世民，先后击败了王世充、窦建德、刘黑闼等多路起义军，为大唐王朝的创建立下了汗马功劳，李渊曾

派使者赐予金瓶以示褒奖。此后，秦琼又因战功，多次受到嘉奖，先后被任命为秦王右统军，加授上柱国，后又晋封为翼国公。在众多武将之中，秦琼深得李世民的信任。

玄武门之变时，秦琼旗帜鲜明，坚决站在李世民这边，并协助李世民一起诛杀了太子李建成和齐王李元吉，为李世民做太子登皇位扫清了道路。唐武德九年（公元626年）六月，秦王李世民被立为太子，八月，李世民正式登基称帝，秦琼被任命为左武卫大将军。

贞观十二年（公元638年），秦琼因病去世。朝廷追赠他为徐州都督，改封他为胡国公，并让他陪葬昭陵。在秦琼去世后的第五个年头，他的画像也登上了表彰大功臣的凌烟阁，成为唐开国二十四功臣之一。

李绩有哪些重大作为？

李绩，原姓徐，名世绩，字懋功（也作茂公），曹州离狐（今山东东明一带）人，唐初政治家、军事家。因唐高祖李渊赐姓李，因此又名李世绩。后因避唐太宗李世民讳，遂改为李绩。被封为英国公，是凌烟阁二十四功臣之一。李绩出将入相，位列三公，历经唐高祖、唐太宗、唐高宗三朝，深得朝廷信任和器重。

李绩年轻时家本豪富，隋末迁居滑州。李绩与父亲徐盖都是乐善好施之人，拯救贫乏，不问亲疏。隋炀帝大业末年，年方17岁的李绩见天下大乱，就参加了翟让的军队。他劝说翟让："附近是您与我的家乡，乡里乡亲，不宜侵扰，宋、郑两州地近御河，商

旅众多,去那里劫掠官私钱物非常方便。"翟让非常赞同他的意见,于是在运河上劫取公私财物,不久翟让的军队人丁大旺。隋朝派名将张须陀讨伐翟让,翟让吓得要逃跑,李绩劝阻了他。翟让的军队与隋军两万多人交战,竟然斩杀了张须陀,大败官军。

当时,蒲山公李密参与杨玄感反叛,兵败逃亡。李绩与王伯当知道李密是一位英雄,所以一同劝说翟让奉李密为主,以收买人心,扩大势力和影响。

隋朝派王世充讨伐李密,李绩多次拒战,并以奇计在洛水两岸几次大败王世充,李密因此封他为东海郡公。当时河南、山东发生水灾,饥民遍地,隋朝赈济不周,每天饿死数万人。于是李绩向李密进言:"天下大乱,本是为饥。如果我们攻陷黎阳国仓,大事可成矣。"李密听从了李绩的计策,并派李绩带5000人从愿武渡黄河掩袭黎阳仓的隋朝守军,当日就攻克了黎阳,李绩开仓让民众随便领粮。10天之间,李绩就招募到兵士20多万人。1年多后,宇文化及在江都杀死隋炀帝,越王杨侗即位于东京洛阳,赦免李密诸人,并封李密为魏国公。隋廷又授李绩右武侯大将军之衔,命他们一同讨伐宇文化及。李绩守黎阳仓城,宇文化及率军四面攻城,形势危急。李绩急中生智,从城中向外挖地道,忽然现身城外,大败宇文化及。

后来,李密归唐以后,从前在信中对自己亲热异常的"老哥"李渊对自己相待甚薄,这使李密非常不满。不久,唐朝听说李密降于王世充的旧将纷纷离心,就派李密前往黎阳招降旧部。心怀怨恨的李密行至洮阳(今广西全州、资源县地),高祖李渊又派人

召还他，疑惧之下，李密决定反唐。唐将史万宝、盛彦师早有准备，设伏兵于山谷，横击李密及王伯当等人，李密及众人皆被杀死。李密时年才37岁。

李绩听说李密被杀，上表请唐朝允许他收葬故主。李绩服重孝，与从前僚属旧臣将士隆重地把李密安葬在黎山之南，并以君礼大葬，朝野闻讯都赞叹李绩的忠义。

不久，窦建德军擒获并斩杀了弑隋炀帝的宇文化及，并乘胜大败李绩，并且以其父徐盖为人质，威胁李绩仍守黎阳。转年，李绩趁机归唐。后来，李绩协同李世民连平王世充、窦建德、刘黑闼、徐圆朗、辅公祏等人，功勋显赫。

贞观十五年，李绩拜为兵部尚书，还未赴京上任，薛延陀部（薛延陀部为匈奴别种，为铁勒族，对唐朝时叛时附）侵扰李思摩部。李绩被委任为朔州行军总管，率三千轻骑追击薛延陀，在青山大败敌师。回朝后，李绩突患暴疾，药方上说，要治此病必须以胡须灰做药引。唐太宗听说后，立刻自剪胡须，为李绩和药。儒家礼仪，身体发肤受之父母，一般人都不会轻易损伤，何况是九五天子。唐太宗亲剪"龙须"为臣子做药引，可见太宗对李绩的重视与体恤。

贞观十八年，李绩跟从太宗伐高丽，攻破辽东、白崖等数城。贞观二十年，李绩又率军大破薛延陀部，平定碛北。

高宗即位后，拜李绩为尚书左仆射。永徽四年，李绩被拜为司空。李绩为人小心谨慎，对于皇帝家事一概不过问。因此，他对高宗立武后一事并不像其他大臣一样极力反对。可以说李绩的

表现实为中允和明智。因此,武后对他也非常不错。

高宗乾封元年(公元 666 年),高丽权臣盖苏文病死,他的儿子渊男生继掌国事,另外两个儿子渊男建、渊男产因不满而发难,驱逐渊男生。渊男生向唐朝乞援。高宗任命李绩为辽东道行军大总管,率军征高丽。李绩一路连捷,直抵平壤城南。渊男建不断派兵迎战,接连大败而还。不久,城内有人投降唐军为内应,大开城门,唐兵四面纵火,烧毁城门,渊男建惊恐,自杀未死,平壤城最终被攻下。至此高丽国灭,唐设安东都护府统管整个高丽旧地。自隋文帝以来,屡伐高丽,可惜一直没有成功:隋炀帝 4 次征高丽,因此亡国;唐太宗御驾亲征,也因天寒少粮而无功罢兵;高宗继位,前后派兵部尚书任雅相、左武卫大将军苏定方、左骁卫大将军契苾何力多次征讨,皆无功而返。一直到李绩老将出马,乘高丽内乱,加上他指挥有方,一举讨灭了高丽。

李绩回国后不久,因征伐劳累而病逝,享年 76 岁。高宗亲自为他举哀(指办丧事时高声号哭,表示哀悼),并辍朝 7 日,赠太尉,谥号贞武,陪葬于昭陵。

薛仁贵有哪些重大功绩?

薛礼,字仁贵,山西绛州龙门修村人(今山西河津市修村人),生于隋大业九年(公元 613 年),卒于唐永淳二年(公元 683 年),是南北朝时期名将薛安都的后代,属河东薛氏家族。薛仁贵虽自幼家贫,但从小习文练武,刻苦努力。据说他生得一副大饭量,并且天生臂力过人。

唐贞观后期，唐太宗想亲征高丽，从贞观十八年（公元644年）秋开始，唐太宗调集军资粮草和招募军士，积极进行战争准备。于是薛仁贵到将军张士贵那里应募，被收为部属。不久，唐太宗亲征高丽，张士贵军行至安地时，郎将刘君印被当地武装所围，薛仁贵闻讯后，单骑前往营救，斩杀敌将，并将其首级系于马鞍，从而降伏了余众，救回了刘君印。从此，薛仁贵名闻三军。

贞观十九年（公元645年）四月，唐军前锋进抵高丽，不断击败高丽守军。六月，高丽莫离支派高延寿率军20万依山驻扎，抗拒唐军。唐太宗视察地形后，下令诸将率军分头进击。此时，薛仁贵自恃骁勇善战，想立奇功，所以穿上与众人不同的白色衣甲，手持方天戟，腰挎两张弓，冲锋陷阵，高丽将士纷纷倒伏，从而杀开了一条血路。唐军随之继进，高丽军被打得丢盔弃甲。站在高处观战的唐太宗看到此种状况，战后特别召见薛仁贵，赐予他马2匹、绢40匹及奴仆10人，并提升他为游击将军，职守皇宫玄武门（北门）。及等到唐征高丽还师后，唐太宗还对薛仁贵说："朕旧将皆老，欲擢骁勇付之外事，莫如卿者。朕不喜得辽东，喜得虎将。"并加封薛仁贵为右领军郎将。

到唐高宗时期，薛仁贵一直守卫玄武门。永徽五年（公元654年），唐高宗行幸万年宫（在今陕西麟游县西），第一天夜里便遇到山洪暴发，直冲万年宫北门，卫士们一见水势凶猛，吓得各自逃散。而薛仁贵见状立即登门向宫内大声呼叫，唐高宗听到喊叫，急忙出宫跑到高处。当唐高宗回头看时，洪水已经涌进了他的寝殿。为此，唐高宗非常感激薛仁贵，特赐予薛仁贵御马一

匹。

　　显庆三年（公元658年），唐高宗命程名振征讨高丽，任命薛仁贵为副将。薛仁贵在贵端城（位于今辽宁浑河一带）大败高丽军。次年，薛仁贵又与梁建方、契必何力等，与高丽大将温沙门在横山展开激战。当时，薛仁贵手持弓箭，一马当先，冲入敌阵，射杀敌军无数。接着，唐军又与高丽军在石城大战，不料遇到一个善射的敌将，射杀唐军十余人。薛仁贵见状大怒，单骑冲入敌军阵营，直取敌将。那位善射的敌将因为慑于薛仁贵的勇武，来不及放箭，就被薛仁贵生擒了。

　　不久，薛仁贵又与辛文陵在黑山击败契丹。战后，薛仁贵因功拜为左武卫将军。

　　龙朔元年（公元661年），一向与唐友好的回纥首领婆闰去世，继位的比粟转而与唐为敌。唐高宗诏郑仁泰为主将，薛仁贵为副将，领兵赴天山进击九姓回纥。临行前，唐高宗特在内殿赐宴，席间唐高宗对薛仁贵说："古善射有穿七札者，卿试以五甲射焉。"薛仁贵应命，置甲取弓箭射去，只听弓弦响过，箭已穿五甲而过。唐高宗大吃一惊，立刻命人取坚甲赏赐给薛仁贵。

　　郑仁泰、薛仁贵率军赴天山后，回纥九姓率兵10余万迎战。薛仁贵临阵发3箭射死3人，其余骑士慑于薛仁贵神威都下马投降。薛仁贵乘势挥军掩杀，九姓回纥大败。接着，薛仁贵又越过碛北追击，俘虏其首领兄弟三人。薛仁贵收兵后，军中传唱说："将军三箭定天山，壮士长歌入汉关。"从此，回纥九姓衰败。

　　乾封元年（公元666年），高丽莫离支渊盖苏文死，其子渊男

生继位,但渊男生的弟弟渊男建因不满而驱逐渊男生,渊男生不得不向唐求救。唐高宗派庞同善、高品前去慰纳(安抚招纳或接纳),被渊男健拒绝,于是,唐高宗派薛仁贵率军援送庞同善、高品。行至新城时,庞同善被高丽军袭击,薛仁贵得知后,率军及时赶到,斩杀敌军数百人,解救了庞同善。庞同善、高品进至金山时,又被高丽军袭击,薛仁贵闻讯后,率军将高丽军截为两断,杀敌5000余人,并乘胜攻占高丽南苏、木底、苍岩等城。接着,薛仁贵又率2000人,进攻高丽重镇扶余城。这次战役中,薛仁贵身先士卒,共杀敌万余人,从而攻克了扶余城,一时声威大振,扶余川40余城,纷纷望风降附。此时,唐又派李绩为大总管,乘机进攻高丽。薛仁贵也沿海继续前进,与李绩合兵于平壤城,高丽降伏。之后,唐高宗命薛仁贵与刘仁轨率兵2万留守平壤,并授薛仁贵为右威卫大将军,封为平阳郡公,兼安东都护。薛仁贵受命后,移治平壤新城。在他任安东都护期间,抚爱孤幼,存养老人,惩治盗贼,提拔贤良,褒扬节义之士,使得高丽百姓安居乐业。

薛仁贵任安东都护时,吐蕃渐趋强盛,击灭了羌族建立的吐谷浑,又侵略唐朝西域地区。为此,唐高宗调任薛仁贵为逻娑道行军大总官,并以阿史那道真、郭待封为副将,率军10余万人,征讨吐蕃。吐蕃调集40万大军迎战,唐军抵挡不住,大败。吐蕃以唐军不深入为条件与唐议和,薛仁贵不得已应允,然后率败军东归。战后,薛仁贵因败绩被免为庶人。

薛仁贵晚年,吐蕃势力向北发展,阻断瓜(治今甘肃安西东南)、沙(治今甘肃敦煌),同时,突厥也不断侵扰唐北部边境。这

时,唐高宗念及薛仁贵功劳而召见他,之后,任用他为瓜州长史、右领军卫将军,兼代州都督,率军前往云州(今山西大同市)进击突厥。突厥闻薛仁贵复起为将,都非常害怕,纷纷四散奔逃。薛仁贵乘势追击,大破突厥。

永淳二年(公元 683 年),薛仁贵去世,终年 70 岁。死后,朝廷赠左骁卫大将军、幽州都督,官府还特造灵舆,护丧归返故里。

薛讷有哪些卓越战功?

薛讷,字慎言,绛州万泉(今山西万泉县南)人,唐朝大将。

薛讷是唐朝名将、左武卫大将军薛仁贵之子。薛讷初任城门郎,后任蓝田(今陕西兰田)令。当时一个姓倪的富商用重金贿赂当时的权臣来俊臣,于是来俊臣让薛讷拨数千石官粮给那个富商。薛讷克己奉公,坚决不从,并上书来俊臣说:"义仓本备水旱,以为储蓄,安敢绝众人之命,以资一家之产?"这件事一直到来俊臣被捕下狱也没办成。

圣历元年(公元 698 年)八月,东突厥阿史那默啜可汗借口"奉唐伐周"为名,出动 10 万骑兵,攻袭静难(今天津蓟县)、平狄(今山西代县)、清夷(今河北怀来东)等地的唐军,进而继续进犯妫(今河北怀来东)、檀(今密云)等州。接着又进攻飞狐(今河北涞源),破定州(今河北定州市),围赵州(今河北赵县),肆意劫掠河北道各州(今河北境)。为此,武则天调兵遣将加强防御。由于薛讷出身将门,加上父亲又是名将,所以被武则天提升为摄左武

威卫将军、安东道经略。

临行前,薛讷对武则天说:"丑虏恁凌,以卢陵为辞。今虽有制升储,外议犹恐未定。若此命不易,则狂贼自然款伏。"武则天对薛讷的建议很重视,于是让太子和群臣在外庭朝见,以安定人心。九月,默啜见唐援军到来,便率军退回大漠(今蒙古大沙漠)以北。不久,薛讷任右羽林卫将军。

长安元年(公元701年)十二月初二,武则天任命薛讷为幽州(今北京城西南)副都督,与都督李多祚共同防御突厥。此后,薛讷又任幽州镇守经略节度大使。

神龙元年(公元705年),武则天病重,其子李显即位,恢复大唐国号。景云元年(公元710年),李旦即位,是为唐睿宗。十月二十日,薛讷升任左武卫大将军、幽州都督,兼安东都护。

十二月十六日,依附于东突厥的奚族、霫(xí)族进犯唐东北边境,攻掠渔阳(今天津蓟县)、雍奴(今天津武清西北),随后出卢龙塞(今喜峰口至冷口一带)而去。薛讷闻讯后,率军追击,但无功而返。

薛讷镇守幽州20多年,从未发兵出塞寻衅,北部和东北的少数民族也不敢入关进犯。由于薛讷带兵有方,治军严明,从而使幽州百姓安居乐业。但是由于薛讷与燕州(治今北京顺义县)刺史李进之间有矛盾,所以李进向侍中刘幽求诋毁薛讷,于是刘幽求推荐左羽林将军孙佺取代薛讷。三月初八,唐睿宗任孙佺为幽州大都督,迁薛讷为并州(治晋阳,今山西太原西南)长史、检校左卫大将军。孙佺根本不善用兵,因急于建立功名,竟然说:

"薛讷在边积年,竟不能为国家复营州。今乘其无备,往必有功。"随后在同年六月,孙佺出兵攻打奚族,结果使唐军全军覆没。

先天元年(公元712年),皇太子李隆基即位,是为唐玄宗。唐玄宗即位后,平息内患,巩固政权。面对东北的契丹与奚、北方的东突厥、西方的吐蕃及西突厥等的军事威胁,唐玄宗于十一月开始视察边情,这次视察西起河、陇,东到燕、蓟,在视察过程中,玄宗还选拔将帅、训练士卒。薛讷因带兵有方,于二十九日被任命为中军大总管。

开元元年(公元713年)十月初九,唐玄宗到新丰(今潼关东北)视察边情。十三日,唐玄宗与文武官员在骊山脚下讲习武事,共调集20万大军,并以薛讷为左军节度。但由于唐军军容不整,唐玄宗打算借此树立声威,于是将兵部尚书郭元振流放新州(今属广东),随后又误杀了给事中、知礼仪事唐绍。由于先后发生了郭元振、唐绍之事,使唐军各路军马多惊恐失措,队形散乱,只有薛讷和朔方道大总管解琬二人所领的兵马岿然不动。唐玄宗派遣轻骑宣召薛讷,企图进入薛讷的阵营。但薛讷治军严整,这些使者最终都没能进入阵营。唐玄宗因此对薛讷的才能非常赞赏。不久薛讷便兼任和戎(今山西大同)、大武(今山西代县北)等军州节度大使。

当时契丹、奚等民族都依附东突厥,并屡次侵扰唐边境。营州(今辽宁朝阳)是唐东北边防重镇,被契丹攻占后,唐廷开始筹谋收复,以安定东北边陲。开元二年(公元714年)正月二十五日,玄宗任命薛讷为同紫微黄门三品,率军进讨契丹。

　　五月初三，由于粮食欠收的原因，唐玄宗下诏罢除所有员外官、试官和检校官，并且规定以后这三种官，除非是立有战功或是由皇帝降下别敕才能特行录用，吏部和兵部一律不得注拟。但此时薛讷仍然任检校左卫大将军，可见唐玄宗对薛讷是非常器重的。

　　七月，薛讷与左监门卫将军杜宾客、定州刺史崔宣道等率兵6万，经檀州（今属北京）进击契丹。杜宾客认为："时属炎暑，将士负戈甲，赍资粮，深入寇境，恐难为制胜。"但薛讷却认为："夏月草茂，羔犊生息之际，不费粮储，亦可渐进。一举振国威灵，不可失也。"于是继续率军前行。当唐军行至滦水山峡（今河北承德地区滦河山谷）中时，遭遇契丹伏兵的前堵后截，唐军大败。薛讷率余部突围，幸免于难，被契丹人嘲笑为"薛婆"。崔宣道所率领的后军听闻薛讷的军队战败，也连忙撤退。战后，薛讷归罪于崔宣道和李思敬等8人，唐玄宗下令将其全部在幽州处死。薛讷被削官为民，只赦免了杜宾客之罪。

　　八月二十日，吐蕃大将勃坌达延、乞力徐等率10万大军兵临洮州（今甘肃临潭），继而攻打兰州（今甘肃兰州）和渭州（今甘肃陇西县东）的渭源县（今甘肃渭源东北），夺得大批牧马。为对付吐蕃，唐玄宗重新起用薛讷，命他以布衣之身代理左羽林将军，出任陇右防御使；同时以右骁卫将军郭知运为副将，率部将杜宾客、王晙、安思顺等前去抵御，并在全国大量招募勇士，补充河、陇兵力。

　　十月，吐蕃再度向渭源发起进攻。十月初二，唐玄宗下诏准

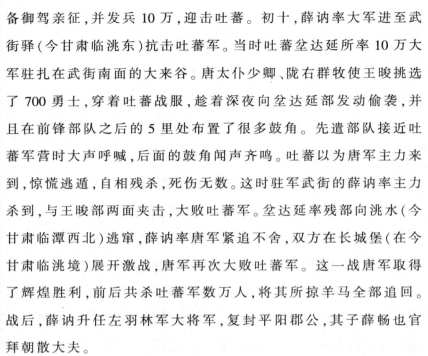

备御驾亲征,并发兵10万,迎击吐蕃。初十,薛讷率大军进至武街驿(今甘肃临洮东)抗击吐蕃军。当时吐蕃坌达延所率10万大军驻扎在武街南面的大来谷。唐太仆少卿、陇右群牧使王晙挑选了700勇士,穿着吐蕃战服,趁着深夜向坌达延部发动偷袭,并且在前锋部队之后的5里处布置了很多鼓角。先遣部队接近吐蕃军营时大声呼喊,后面的鼓角闻声齐鸣。吐蕃以为唐军主力来到,惊慌逃遁,自相残杀,死伤无数。这时驻军武街的薛讷率主力杀到,与王晙部两面夹击,大败吐蕃军。坌达延率残部向洮水(今甘肃临潭西北)逃窜,薛讷率唐军紧追不舍,双方在长城堡(在今甘肃临洮境)展开激战,唐军再次大败吐蕃军。这一战唐军取得了辉煌胜利,前后共杀吐蕃军数万人,将其所掠羊马全部追回。战后,薛讷升任左羽林军大将军,复封平阳郡公,其子薛畅也官拜朝散大夫。

开元三年(公元715年)四月初九,唐玄宗鉴于西突厥十姓部落归降者不断增多,加上击败了吐蕃的入侵,西线战事得以缓解,于是任命薛讷为凉州镇大总管,统领赤水(在今甘肃武威西南)等军,驻守凉州(今甘肃武威);又任命左卫大将军郭虔瓘为朔州镇大总管,统兵驻守并州,东西配合,防备默啜,保卫西域。不久,东突厥默啜可汗发兵西进,向西突厥葛逻禄、胡禄屋和鼠尼施三部发起进攻。五月十二日,唐玄宗命北庭都护汤嘉惠和左散骑常侍解琬率兵援救。九月,唐玄宗又任薛讷为朔方道行军大总管,率军征讨默啜。

开元四年(公元716年)六月,正当唐军准备大举进攻的时

候，默啜却率兵攻打北部的拔曳固（铁勒部落），因被胜利冲昏了头，疏于防备，默啜被拔曳固溃卒颉质略袭杀。唐廷将默啜的首级悬挂在大街上示众。拔曳固、回纥、同罗、霫、仆固五部听闻默啜被杀，纷纷归降唐廷。至此，唐朝北部边境暂时解除了危机。

默啜可汗被杀以后，各部落四分五裂。毗伽可汗以默啜的牙官暾欲谷为谋主。暾欲谷足智多谋，深得各部落信服。被唐廷安置在河曲之地的突厥降众闻毗伽自立可汗，多背叛朝廷前去归顺。十月初二，薛讷奉命调集军队追击叛逃的突厥降户。

不久，薛讷因年老体衰，回家养老。开元八年（公元720年），薛讷因病去世，终年72岁。朝廷追赠他为太常卿，谥号昭定。

狄仁杰有哪些重要政绩？

狄仁杰，字怀英，唐代并州太原（今太原南郊区）人，生于公元630年（一说607年），卒于武则天久视元年（公元700年）。狄仁杰是武则天时期的著名宰相，唐朝杰出的政治家。从政后，经历了唐高宗（李治）与武则天两个时代，而他政治生涯的颠峰是在武则天时期。

狄仁杰在武则天统治时期曾担任国家最高司法职务，判决积案、疑案，纠正冤案、错案、假案。他任掌管刑法的大理丞，到任1年，便处理了前任遗留下来的17000多件案子，其中没有一人再上诉伸冤。狄仁杰是我国历史上以廉洁勤政著称的清官，是武则天最器重的宰相，是推动唐朝走向繁荣的重要功臣。

狄仁杰出生于一个官宦之家。祖父狄孝绪，曾任贞观朝尚书

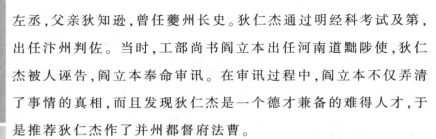

左丞，父亲狄知逊，曾任夔州长史。狄仁杰通过明经科考试及第，出任汴州判佐。当时，工部尚书阎立本出任河南道黜陟使，狄仁杰被人诬告，阎立本奉命审讯。在审讯过程中，阎立本不仅弄清了事情的真相，而且发现狄仁杰是一个德才兼备的难得人才，于是推荐狄仁杰作了并州都督府法曹。

唐高宗仪凤年间（公元676~679年），狄仁杰升任大理丞，他刚正廉明，执法不阿，兢兢业业，一年中判决了大量的积压案件，涉及到1.7万人，其中没有一人再上诉伸冤。狄仁杰一时名声大振，成为朝野推崇备至、断案如神、惩奸除恶的大法官。为了维护封建法律制度，狄仁杰甚至敢于犯颜直谏。仪凤元年（公元676年），武卫大将军权善才因失误砍伤了昭陵柏树，狄仁杰上奏将其免职。高宗下令将权善才问斩，狄仁杰又上奏说他罪不当死。高宗说："权善才砍伤了陵上树，是使我不孝，必须杀了他。"狄仁杰再三劝谏，高宗这才免了权善才的死罪。

不久，狄仁杰被唐高宗任命为侍御史，负责审讯案件，纠劾百官。任职期间，狄仁杰恪尽职守，对一些巧媚逢迎、恃宠怙权的权贵不徇私情，进行了弹劾。

武则天垂拱二年（公元686年），狄仁杰出任宁州（今甘肃宁县、正宁一带）刺史。当时宁州是一个各民族杂居的地区，狄仁杰注意妥善处理少数民族与汉族的关系，"抚和戎夏，内外相安，人得安心"，因此百姓为他立碑颂德。

垂拱四年（公元688年），博州刺史琅琊王李冲起兵反对武则天当政，豫州刺史越王李贞起兵响应，武则天平定了这次宗室

叛乱后,命狄仁杰出任豫州刺史。当时,受越王株连的有六七百人,籍没者多达5000人。狄仁杰深知大多数黎民百姓都是被迫在越王军中服役的,因此,他上疏武则天说:"此辈咸非本心,伏望哀其诖误。"武则天听从了他的建议,特赦了这批死囚,改杀为流,从而安抚了百姓,稳定了豫州的局势。

狄仁杰的才干与名望,已逐渐得到武则天的赞赏和信任。天授二年(公元691年)九月,狄仁杰被任命为地官(户部)侍郎、同凤阁鸾台平章事,开始了他短暂的第一次宰相生涯。狄仁杰为宰相期间,谨慎自持,严于律己。

狄仁杰官居宰相,参与朝政时,也正是武承嗣显赫一时,踌躇满志的时期。武承嗣认为狄仁杰是他被立为皇嗣的障碍之一。长寿二年(公元693年)正月,武承嗣勾结酷吏来俊臣诬告狄仁杰等大臣谋反,并将他们逮捕下狱。后来,狄仁杰被贬为彭泽令。武承嗣为根除狄仁杰这个后患,曾多次奏请武则天杀了他,都被武则天拒绝。

在彭泽(今江西彭泽)令任内,狄仁杰勤政爱民。赴任当年,正逢彭泽干旱无雨,百姓无粮可食,狄仁杰上奏要求朝廷发粮赈济,免除租赋,拯救灾民。万岁通天元年(公元696年)十月,契丹攻陷冀州(今河北临漳),河北震动。为了稳定局势,武则天起用狄仁杰为与冀州相邻的魏州(今河北大名一带)刺史。狄仁杰到职以后,改变了前刺史独孤思庄尽趋百姓入城,缮修守具的做法,让百姓返田耕作。契丹部闻听此讯率众北归,使魏州避免了一场灾难。当地百姓立碑纪念歌颂狄仁杰的功德。不久,狄仁杰

升任幽州都督。

狄仁杰的社会声望不断提高，武则天为了表彰他的功绩，赐给他紫袍、龟带，并亲自在紫袍上写了"敷政木，守清勤，升显位，励相臣"十二个金字。神功元年（公元697年）十月，狄仁杰被武则天召回朝中，官拜鸾台侍郎、同凤阁鸾台平章事，加银青光禄大夫，兼纳言，恢复了宰相职务，成为辅佐武则天掌握国家大权的左右手。此时，狄仁杰已年老体衰，力不从心。但他深感责任重大，依然尽心竭力、兢兢业业，提出了很多有益于社会和国家的建议或措施，在国家的社会政治生活中发挥了巨大的作用。

在狄仁杰为相的几年中，武则天对他的信重是群臣莫及的，她常说狄仁杰为"国老"而不名。狄仁杰和太宗时期的魏征一样，喜欢犯言直谏，武则天也是多"屈意从之"。狄仁杰曾多次告老还乡，都没有得到武则天批准。

久视元年（公元700年），狄仁杰病故，武则天哭着说："朝堂空也。"赠文昌右丞，谥号文惠。唐中宗即位后，追赠司空。唐睿宗又追封他为梁国公。

郭子仪为什么被称为中兴名将？

郭子仪，字子仪，华州郑县（今陕西华县）人，唐代著名将领。他一生历经唐玄宗、肃宗、代宗、德宗四朝，在20余年的为官生涯中，身系朝廷的安危重任，为唐中兴名将。

郭子仪自幼习文练武，在玄宗天宝初年中武举，从此步入仕途，在朝廷任左卫长史。天宝八年（公元749）任横塞军使，天宝

十三年(公元 754)任天德军使(治所在今内蒙古自治区乌拉特前旗北)兼九原太守。

唐玄宗统治后期,朝政腐败,藩镇势力日益膨胀。镇守唐东北边境的蕃将安禄山,身兼平卢(治所在今辽宁朝阳县)、范阳(治今北京市)、河东(治今山西太原市)三镇节度使,拥兵 15 万,并且蓄谋已久,要推翻李唐王朝。安禄山暗自招兵买马,积草屯粮,准备伺机发动叛乱战争。天宝十四年(公元 755)十一月,安禄山在范阳起兵,南下攻占了河北、河南的很多州县,并在十二月攻破东都洛阳。

玄宗慌忙诏授郭子仪为朔方军节度使,命他出兵河北,袭击安禄山的后路。郭子仪兵进山西,在右玉(今山西右玉县)初战告捷,打败叛军高秀岩部,歼敌 7000 多人,收复了云中(今山西大同市)、马邑(今山西朔县)、东陉关(在今山西代县东)等地。天宝十五年正月,安禄山进攻潼关,玄宗又命郭子仪分一路兵去洛阳,另派一将出井陉关(在今河北井陉县西北)入河北。郭子仪推荐部将李光弼任河东节度使,率军出关。随后,玄宗改命郭子仪返朔方补充兵力,然后东进代州。四月,子仪赶往常山郡(今河北正定县)与李光弼会合,在九门(在今河北藁城县西北)大败叛军史思明部。五月,郭子仪率军追至恒阳(今河北曲阳),与史思明在嘉山(在曲阳县东)展开大战,歼敌 4 万余人,生擒敌军 1000余名,获战马 5000 匹,取得反击叛军的第一个大胜仗,河北的很多郡县纷纷迎接唐军,郭子仪由此名声大噪、声名远播。

正在郭子仪挥军北进范阳时,六月,叛军攻破潼关。玄宗逃

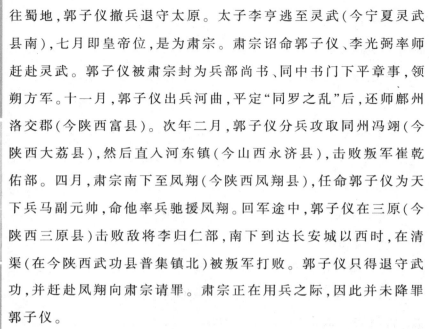

往蜀地，郭子仪撤兵退守太原。太子李亨逃至灵武（今宁夏灵武县南），七月即皇帝位，是为肃宗。肃宗诏命郭子仪、李光弼率师赶赴灵武。郭子仪被肃宗封为兵部尚书、同中书门下平章事，领朔方军。十一月，郭子仪出兵河曲，平定"同罗之乱"后，还师鄜州洛交郡（今陕西富县）。次年二月，郭子仪分兵攻取同州冯翊（今陕西大荔县），然后直入河东镇（今山西永济县），击败叛军崔乾佑部。四月，肃宗南下至凤翔（今陕西凤翔县），任命郭子仪为天下兵马副元帅，命他率兵驰援凤翔。回军途中，郭子仪在三原（今陕西三原县）击败敌将李归仁部，南下到达长安城以西时，在清渠（在今陕西武功县普集镇北）被叛军打败。郭子仪只得退守武功，并赶赴凤翔向肃宗请罪。肃宗正在用兵之际，因此并未降罪郭子仪。

　　同年闰八月底，肃宗命元帅广平王李豫发兵收复长安，郭子仪率领中军。九月二十七日，唐军进抵长安城南、沣河以东香积寺北。长安城的叛军将领安守忠、李归仁等倾巢出动。两军经过半日的激战，叛军死伤6万余人，大败而回。当夜，叛军撤出长安，逃往陕州。九月二十八日，元帅广平王率郭子仪等入城，长安光复。接着，郭子仪统兵东进，下潼关，克弘农，长驱直进新店。在洛阳的安庆绪任命严庄为帅，统兵15万在陕州阻击唐军。唐军因得到回纥铁骑的援助，大败叛军。严庄挟带安庆绪逃往相州（今河南安阳市），唐军收复洛阳。

　　肃宗回到长安后，诏命广平王、郭子仪返回西京。当郭子仪到达长安东郊时，肃宗亲自出迎，拉着子仪的手说："国家再造，

卿之力也！"并加封子仪为代国公，诏命他复返洛阳，经略北讨。

长安和洛阳的相继收复，河东、河南大部郡县的平定，使唐廷和安史叛军的力量对比发生了根本的转变，唐中央政府已摆脱了危难境地。但此时的唐肃宗却开始重用宦官李辅国、鱼朝恩把持朝政。乾元元年（公元758年）九月，唐肃宗命令9个节度使出兵围攻盘据相州的安庆绪。但此次出兵没设主帅，以鱼朝恩任观军容宣慰处置使，监视各军将领。十月，郭子仪率本部人马与其他各路兵马合围卫州（今河南汲县）。战前，郭子仪假装败退，命令事先埋伏好的3000弓弩手箭射叛军。敌军未及防范，四散逃窜。郭子仪挥兵掩杀，斩杀叛军4万余人，俘虏了叛将安庆和，收复了卫州。安庆绪率人马退守相州，唐军各路人马60万围攻相州邺城（今河南安阳市），郭子仪命部队引漳河水淹邺城。由于城中粮尽，安庆绪向史思明求救，史思明发兵五万南下，在邺城外与唐军相遇，各有伤亡，唐将鲁炅被乱箭射中，郭子仪军紧随其后，还没来得及布阵，忽然狂风大起，天昏地暗，双方军兵皆大惊失色。唐军溃而向南，史军溃而向北。郭子仪率军一直退到河阳，并打算守河阳以保东京洛阳。

鱼朝恩忌惮郭子仪功高，便乘邺城之败诋毁他，将失败的责任全推在他一人身上。肃宗本已对郭子仪"拥兵太盛"心怀戒惧，如今又有小人火上浇油，于是将郭子仪召还京师，收回兵权，改命李光弼统领朔方军。与此同时，史思明杀死安庆绪，在范阳称"大燕皇帝"。得知郭子仪被罢免兵权后，史思明便在乾元二年五月发兵南下，击败李光弼，重新攻占了洛阳。

郭子仪被罢黜后,闲住京师。上元元年(公元760年)九月,肃宗曾下令郭子仪再领兵自朔方攻范阳,但受到鱼朝恩的阻拦。宝应元年(公元762年)正月,河东镇发生兵变,太原、绛州两地驻军骚动。肃宗只得起用郭子仪,命他去平息兵乱。郭子仪到绛州后,杀了叛乱将领王元振,河东兵乱平息。

宝应元年四月,代宗李豫即位。宦官程元振恃拥立有功,干预朝政。八月,郭子仪由河东入京师。程元振向代宗进谗言,诬陷郭子仪,郭子仪再度被罢兵权。次年,史朝义叛军内乱,史朝义自杀,几个主要头领投唐,历时7年之久的"安史之乱"终告结束。

在唐廷全力东讨叛军之际,吐蕃、党项等乘关中空虚,进兵东犯。广德元年(公元763年)十月,敌兵抵达邠州、凤翔一线,长安告急。代宗急忙请郭子仪出任副元帅,当时郭子仪已无兵马,只带领20余人前往御敌。当时吐蕃兵已越过乾县、武功,渭北行营的2000兵士出战,被敌军打败,吐蕃军渡渭河便桥,直攻长安。代宗慌忙逃往陕州,长安被吐蕃军占领。

郭子仪派人去商州招抚溃散士兵,又调武关防兵出蓝田,向长安进发。从商州、武关而来的兵卒有4000余人,郭子仪分兵于蓝田虚张声势,设疑兵扰乱吐蕃军心,又让百姓传呼:"郭令公从商州调集大军,来攻长安了。"吐蕃兵将听闻郭子仪到来大惊,连夜撤出长安西逃。代宗闻讯,命郭子仪为西京留守。郭子仪入京之后,派将分屯畿县,并请代宗回朝。代宗慰劳郭子仪说:"用卿不早,故及于此。"此后,郭子仪又平定了仆固怀恩叛乱,击退了吐蕃、回纥、吐谷浑的侵犯。

德宗即位后，郭子仪为中书令，加封太尉，并被尊为"尚父"。从此，征战一生的郭子仪结束了戎马生涯，在朝为相。

建中二年（公元781年），郭子仪病逝，时年85岁。德宗为此废朝5日，文武百官前往吊唁。安葬之日，德宗率朝臣到安福门送别。朝野上下皆为失去一位中兴名将而痛惜。

郭子仪一生戎马，为巩固唐王朝的统治，也为了保障国家的统一和安定，南征北战、东征西讨20余年，他的雄才胆略在人民和军队中享有很高的声誉。他虽战功卓著，官高爵显，但为人处世十分谨慎，从不居功自傲，更不以势压人；虽然手握重兵，也能服从皇帝命令，不拥兵自立；虽屡遭奸佞诬陷，甚至鱼朝恩派人挖了他的祖坟，他仍然能以国事为重；他遵守朝廷法纪，严教子孙，不徇私情。因此，郭子仪终未因功致祸，始终立于不败之地，并得以善终。

为什么说李晟多次拯救大唐于危难之际？

李晟，字良器，洮州（今甘肃临潭）人，唐朝名将，绰号"万人敌"。

李晟年轻时就是一位武艺不凡的英雄人物，他18岁时投奔名将王忠嗣（时任河西节度使）。一次与吐蕃的战斗中，唐军遭遇吐蕃悍将，屡战失利，大为恼火的王忠嗣下令招募弓箭高手，李晟报名参加，纵马出阵，一箭即把敌将射死，王忠嗣兴奋得拍着李晟的背称赞他是"万人敌"。

自安史之乱以后，唐朝日趋衰落，天下形势一塌糊涂，李晟

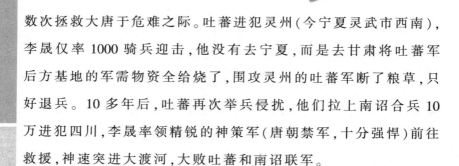

数次拯救大唐于危难之际。吐蕃进犯灵州（今宁夏灵武市西南），李晟仅率1000骑兵迎击，他没有去宁夏，而是去甘肃将吐蕃军后方基地的军需物资全给烧了，围攻灵州的吐蕃军断了粮草，只好退兵。10多年后，吐蕃再次举兵侵扰，他们拉上南诏合兵10万进犯四川，李晟率领精锐的神策军（唐朝禁军，十分强悍）前往救援，神速突进大渡河，大败吐蕃和南诏联军。

唐德宗即位后，大批手握兵马的节度使集体闹事，割据四方，称王称帝，最悲哀的是，长安也被造反头子朱泚占领了。唐德宗为保性命仓皇逃跑。危亡时刻，李晟再次率军反攻，大败叛军。在激战中，李晟曾亲率100多名骑兵在皇城与叛军厮杀，很多叛军士兵知道是李晟来了，纷纷逃窜，朱泚在逃跑途中被部下杀死。李晟收复长安，唐德宗被感动得泪流满面，对李晟大加封赏。又过了几年，吐蕃再次闹事，大将尚结赞进攻唐军，唐德宗准备再次逃跑，被李晟阻拦。李晟率军大破吐蕃，并迫使吐蕃求和。

多次拯救国家于危难之际的李晟成为与郭子仪、李光弼等齐名的唐朝中兴名将。但功高难免震主，李晟最终被唐德宗解除了兵权，67岁时病逝。

著名事件篇.

玄武门之变是怎么一回事？

玄武门之变是唐高祖武德九年六月初四庚申日（公元626年7月2日）由当时的秦王、唐高祖李渊的次子李世民在长安城（今陕西省西安市）大内皇宫的北宫门——玄武门附近发动的一次流血政变，结果李世民杀死了长兄太子李建成和四弟齐王李元吉，得立为新任皇太子，进而继承皇位，是为唐太宗。

唐高祖李渊即位以后，封李建成为太子，李世民为秦王，李元吉为齐王。三人之中，数李世民功劳最大。太原起兵，原本是他的主意，在以后的战斗中，他立的战功也最多。李建成的战功远远不及李世民，只是因为他是高祖的大儿子，所以才取得太子的地位。

李世民不仅有勇有谋，而且手下聚集了一大批人才。在秦王府中，文有房玄龄、杜如晦等，号称"十八学士"；武有尉迟敬德、秦叔宝、程咬金等勇将。太子李建成自知威信比不上李世民，于是心生妒忌，就和弟弟齐王元吉联合，一起排挤李世民。

李建成和李元吉知道唐高祖宠爱一些妃子，就经常在这些宠妃面前拍马送礼，讨她们的欢心，但李世民没有这样做。李世民平定东都之后，有的妃子私下向李世民索取隋宫里的珍宝，还为她们的亲戚谋官做，都被李世民拒绝了。于是，宠妃们经常在高祖面前说太子的好话，讲秦王的坏话。唐高祖听信了宠妃的话，于是跟李世民渐渐疏远起来。

由于李世民战功显赫，李建成和李元吉深感不安，于是千方百计想除掉李世民。

　　有一次，李建成请李世民到东宫去喝酒。李世民喝了几杯，忽然感到肚子痛。仆人把他扶回家里，他一阵疼痛，竟呕出血来。李世民心里明白，一定是李建成在酒里下了毒，于是赶忙请医服药，这才慢慢好了。

　　李建成、李元吉想谋害李世民，但又忌惮他手下勇将太多，于是就想先把这些勇将收买过来。

　　李建成秘密派人送了一封信给秦王手下的勇将尉迟敬德，表示要跟尉迟敬德交个朋友，还给尉迟敬德送去一车金银。

　　尉迟敬德跟李建成的使者说："我是秦王的部下，如果私下跟太子来往，对秦王三心二意，我就成了个贪利忘义的小人。这样的人对太子又有什么用呢？"说着，他把一车金银原封不动地退还给了太子的使者。

　　李建成因受到尉迟敬德的拒绝，气得要命。当天夜里，李元吉就派了个刺客到尉迟敬德家去行刺。尉迟敬德早就料到李建成不会放过自己，所以一到晚上，就故意把大门打开，刺客溜进院子，隔着窗户偷看，只见尉迟敬德斜靠在床上，身边放着长矛。刺客本来就忌惮他的名气，又看到他早有防备，所以没敢动手，偷偷地溜回去了。

　　李建成和李元吉一计不成，又生二计。当时，正逢突厥进犯中原，李建成向唐高祖建议，让李元吉代替李世民带兵北征。唐高祖任命李元吉为主帅后，李元吉又请求将尉迟敬德、秦叔宝、程咬金三员大将和秦王府的精兵都划归自己指挥。他们是打算将这些精兵强将调开以后，伺机杀害李世民。

有人将这个秘密计划报告了李世民。李世民感到形势紧急，连忙找长孙无忌和尉迟敬德商量，两人都劝李世民先发制人。李世民说："兄弟互相残杀，总不是件体面的事。还是等他们动了手，我们再来对付他们。"

尉迟敬德、长孙无忌都非常着急，于是劝李世民说若不先发制人，他们也不愿留在秦王府白白等死。李世民看他的部下十分坚决，就下了决心。

当天夜里，李世民进宫向唐高祖告了一状，诉说太子跟齐王如何谋害他。唐高祖答应等明天一早，叫兄弟三人一起进宫对质。

第二天早上，李世民叫长孙无忌和尉迟敬德带领一批精兵，埋伏在皇宫北面的玄武门，等待李建成和李元吉进宫。

没多久，李建成和李元吉骑着马朝玄武门赶来，他们到了玄武门边，察觉到周围的气氛不对劲，便起了疑心。于是两人调转马头，准备回去。

这时候，李世民从玄武门里骑着马赶了出来，高喊喊道："殿下，别走！"

李元吉转过身来，拿起身边的弓箭，就想射杀李世民，但由于心里紧张，一时慌乱，连弓弦都拉不开来。李世民眼明手快，先射出一支箭，将李建成射死。紧接着，尉迟敬德带了 70 名骑兵一起冲了出来，尉迟敬德一箭将李元吉也射下马来。

东宫和齐王府的将士听到玄武门出了事，全部出动，猛攻秦王府的兵士。李世民一面指挥将士抵抗，一面派尉迟敬德进宫。

唐高祖正在皇宫里等着三人朝见，尉迟敬德手持长矛气吁吁

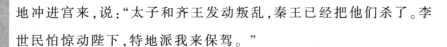

地冲进宫来,说:"太子和齐王发动叛乱,秦王已经把他们杀了。李世民怕惊动陛下,特地派我来保驾。"

高祖这才知道外面出了事,吓得不知道该怎么办才好。

宰相萧瑀等人说:"建成、元吉本来没有什么功劳,两人妒忌秦王,施用奸计。现在秦王既然已经把他们消灭,这是好事。陛下把国事交给秦王,就没事了。"

到了这步田地,唐高祖即使反对也无济于事了。2个月以后,唐高祖让位给李世民,李世民即位,是为唐太宗。

玄奘西游是怎么一回事?

《西游记》中描写的唐僧,在历史上确有其人,其法名叫玄奘,俗姓陈,本名祎,生活于隋唐时期的公元600~664年之间。吴承恩以他往印度取经求法的历史事迹为题材,进行了《西游记》的文学创作。

当然,《西游记》是一部神话小说,玄奘的真实事迹并不是书中渲染的故事情节那样。据历史记载,他的真实事迹是这样的:隋文帝开皇二十年(公元600年),玄奘出生于落州缑氏县东南凤凰谷陈村(今河南省偃师县陈河村),兄弟四人,玄奘最小。他的二兄长捷早先出家于洛阳净土寺。玄奘到了13岁,也跟着二兄在净土寺出家为僧。据说他在净土寺听法诵经,好学不倦。隋炀帝大业末年,玄奘离开净土寺,随二兄往长安游学。途中得知长安名僧因世乱多避居于蜀地,便转往成都。到成都之后,玄奘拜师求教,潜心学习。两年之后,玄奘离蜀东下,到达荆州,并第一次独立开讲《摄

论》和《毗昙》。然后又游学于扬州,据说当时淮海一带名僧都闻风来聚。后来又北游相州、赵州,贞观元年(公元 627 年),玄奘到达长安,游学京师诸家。此时的玄奘,已游学南北,广承诸师,穷尽各说,史书上说他"擅声日下,誉满京邑"。

但玄奘从多年的游学听闻中觉察到,各地讲论说法颇不一致,此时恰逢印度那烂陀寺高僧波颇密多罗来唐朝译经讲论,于是决心前往印度求法。当时出国的禁例很严,玄类正式陈请没有得到批准。贞观三年(公元 629 年)因发生灾荒,出国禁令比较松弛,玄奘便乘机西行。从长安出发后,为了躲避官府的检查和追捕,他昼伏夜行。经兰州、凉州、瓜州,一路结伴而行。而至夜渡瓠卢河之后,孑然一身,越过玉门关,跋涉五烽,渡过了"上无飞鸟,下无走兽,复无水草"的茫茫莫贺延迹大沙漠,九死一生,历经艰险,到达高昌首都伊吾城(今新疆哈密县)。在这里,玄奘受到高昌王掬文泰的优厚礼遇,并得到终身供养的待遇。但玄奘志在西游求法,再三辞谢。

于是高昌王派使者护送玄奘,历经屈支(今新疆库车县)、跋禄迦(今新疆阿克苏)等国,翻越凌山,到达西突厥首都素叶城。在这里,玄奘又得到叶护可汗的通碟信件和陪同使者,顺利通过了与印度相连的迦毕试国,终于进入北印度境内。

从此,玄奘遍游五印,广学诸派经论,并且到那烂陀寺,拜谒戒贤法师,听受《瑜伽师地论》等。历时 5 年之久,玄奘将印度诸派各家学说包罗无遗。当时有羯若鞠阇国戒日王在其都城曲女城设立大会,有五印度沙门、婆罗门、外道等 6000 余人参加,有 18 国

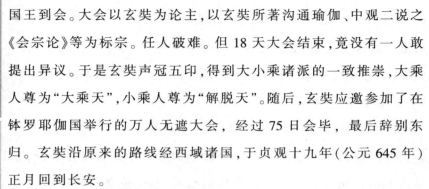

国王到会。大会以玄奘为论主，以玄奘所著沟通瑜伽、中观二说之《会宗论》等为标宗。任人破难。但18天大会结束，竟没有一人敢提出异议。于是玄奘声冠五印，得到大小乘诸派的一致推崇，大乘人尊为"大乘天"，小乘人尊为"解脱天"。随后，玄奘应邀参加了在钵罗耶伽国举行的万人无遮大会，经过75日会毕，最后辞别东归。玄奘沿原来的路线经西域诸国，于贞观十九年（公元645年）正月回到长安。

至此玄奘西行求法，前后历时17载，取回经典520夹657部。其后，玄奘主要从事翻译。他先后在弘福寺、慈恩寺、西明寺、玉华宫等地译经74部，1335卷。玄奘通过翻译法相唯识经论，开创了法相宗，培养了一大批法相学高僧，为中印文化的交流，为中国佛学的发展做出了卓越贡献。所以对玄奘的事迹，后世一直传颂不绝。

鉴真东渡经历了怎样的波折？

鉴真是一位唐朝高僧，俗姓淳于，扬州人，14岁在大云寺出家。18岁时，由应邀来扬州的南山律宗开创人道岸律师授菩萨戒。27岁时，回扬州大明寺。在唐天宝年间，鉴真屡次尝试东渡赴日本，10多年间共有6次，直到天宝十二年（公元753年）第六次东渡才获得成功。

在6次东渡日本的过程中，鉴真等人遇到了很多挫折。第一次东渡前，和鉴真同行的徒弟跟一个和尚开玩笑，结果那个和尚恼羞成怒，诬告鉴真一行是与海盗勾结。地方官员闻讯大惊，派人

拘捕了所有僧众，首次东渡因此未能成功。其后接连失败，第五次东渡最为悲壮。那一年鉴真已经60岁了，船队从扬州出发，刚过狼山（今江苏南通）一带，就遇到狂风巨浪，他们只好在一个小岛避风。1个月后再次启航，走到舟山群岛时，又遇到大浪。第三次启航时，风浪更大，向南漂流了14天，靠吃生米、饮海水度日，最后抵达海南岛南部靠岸。归途中，鉴真因长途跋涉，过度操劳，不幸身染重病，双目失明。

鉴真最后一次东渡也并不是一帆风顺。正当船队扬帆起航时，一只野鸡忽然落在一艘船的船头。鉴真认为江滩芦苇丛生，船队惊飞野鸡不足为怪，而日本遣唐使却认为这是不祥之兆，于是船队调头返回，第二天才重新启航，历尽艰险才到达日本。

鉴真为日本人民带去了佛经和中国的医药和农业技术，为中日人民的友谊做出了重大贡献。公元763年，鉴真坐化于唐招提寺，时人称其为"真菩萨"。

马嵬驿兵变是怎么一回事？

潼关是唐都长安的门户，地势险要，道路狭窄，易守难攻。唐玄宗派大将哥舒翰率领重兵把守。叛将崔乾佑在潼关外屯兵半年有余，仍然无法打进去。潼关的守军每天晚上在烽火台烧起一把火，作为平安的信号。关里的烽火台接到信号之后，也一座接一座放起"平安火"，一直传到长安城里，从而让长安人民放心。

叛军虽然无法攻进潼关，但唐军内部却发生了内讧。哥舒翰主张坚守潼关，以待时机；郭子仪、李光弼从河北前线给唐玄宗上

奏章，请求引兵北上，直取安禄山的老巢范阳，要潼关守军千万不要出关。然而，宰相杨国忠却反对这样做，因为有人对杨国忠说："现在重兵都在哥舒翰手里，如果哥舒翰打胜了，回到长安，你的宰相位子就保不住了。"杨国忠深知自己这个宰相非常不得人心，听了这番话，更加担心和害怕，于是就在玄宗面前说潼关外的叛军已不堪一击，哥舒翰守在潼关按兵不动，会丧失歼灭叛军的有利时机。唐玄宗听信杨国忠的话，接连派使者到潼关，命令哥舒翰带兵出潼关。

哥舒翰自然知道出关没有好处，但是君命难违，只得带兵出关了。

关外的叛将崔乾佑此时早已养精蓄锐，只待唐军出关。崔乾佑派精兵埋伏在灵宝（在今河南省西部）西面的山谷里。哥舒翰的20万大军刚一出关，就中了埋伏，几乎被叛军杀得全军覆没。

还未等哥舒翰收拾残兵，他的部下却先乱了起来，叛军乘胜攻进潼关，哥舒翰最终也被俘虏。

潼关失守之后，关内再无天险可凭。从潼关到长安之间的一些地方官员和守兵，都纷纷弃城逃跑。

哥舒翰也曾派人到长安告急。后来，告急的文书因纷乱而中断。晚上，烽火台上的"平安火"也见不到了。此时，唐玄宗才感到形势危急，他慌忙让杨国忠想对策。

杨国忠将文武百官召集起来商议，结果谁也想不出一个好主意来。杨国忠知道留在长安，只有死路一条，于是劝玄宗逃往蜀地。

当晚，唐玄宗、杨国忠带着杨贵妃和一批皇子皇孙，在大将军陈玄礼和禁卫军的护送下，悄悄地打开宫门，逃出了长安。

他们派遣宦官先到沿途各地，通知地方官员们准备接待。

谁料才到咸阳，派出的宦官和县令都逃跑了。唐玄宗一行等人只好沿路乞讨。有几个百姓送上一点高粱饽饽。那些皇子皇孙平时养尊处优，吃的是山珍海味，哪里吃过这样粗糙的饭，但是由于实在饥饿难忍，也只得纡尊降贵，用手捞着，狼吞虎咽地吃起来。

唐玄宗勉强咽了几口饽饽，直流眼泪。有个老人挤到车前，对玄宗说："安禄山想造反，已经不是一天了。这么多年来，有人向朝廷告发，反而被关被杀。陛下周围的大臣，只会溜须拍马，致使陛下对外面的真实情况一概不知。我们普通百姓早知道有这么一天，不过朝廷宫门太深，百姓的意见陛下根本听不到。若不是到了今天这步田地，我们怎么能站在陛下面前说话呢！"

唐玄宗垂头丧气地说："都怪我太糊涂，现在后悔也已经晚了！"

唐玄宗等人就这样走走停停，第三天到了马嵬驿（在今陕西兴平县西，嵬，音 wéi）。随行的将士饥疲难耐，实在忍不住了。他们越想越气，弄到今天这步田地，这都是拜奸相杨国忠所赐，这笔账得向杨国忠清算。

这个时候，有二十几个吐蕃使者拦住杨国忠的马，向杨国忠索要粮饷，还未等杨国忠答话，周围的兵士就已经吵嚷起来："杨国忠要造反了！"一面嚷，一面就朝他射起箭来。

杨国忠仓皇之中打算逃走，被几个兵士赶上去，把他的头砍了下来。

兵士们杀死杨国忠之后，情绪异常激昂，将唐玄宗住的驿馆围了个水泄不通。唐玄宗听到外面闹哄哄的，问是怎么回事，左右太监告诉他，兵士们已将杨国忠杀了。玄宗大惊失色，他知道众怒难犯，不得不扶着拐杖，走出驿门，慰劳兵士们，要他们回营休息。

兵士们不理唐玄宗的话，依旧吵吵嚷嚷。玄宗派高力士找到陈玄礼，问兵士们为什么不肯散去。陈玄礼回答说："杨国忠谋反，贵妃也不能留在世上了。"

这下可把唐玄宗难住了，他如何舍得杀这个万千宠爱在一身的杨贵妃呢？他低着头站了半晌，才说："贵妃深居内宫，怎么知道杨国忠谋反呢？"

高力士知道如果不杀杨贵妃，势必不能平息兵士们的气愤，就说："贵妃是没有罪，但是将士们杀了杨国忠，如果留着贵妃，将士哪能心安。希望陛下慎重考虑，将士心安，陛下才能安全。"

唐玄宗为了保全自己的性命，只好狠了狠心，命高力士将杨贵妃带到别的地方，用带子勒死了。

兵士们听到杨贵妃已被处死，总算消了口气，这才撤围回营。此次兵变即所谓的"马嵬驿兵变"。

经过这场兵变，唐玄宗犹如惊弓之鸟一般，急匆匆地逃到成都去了。太子李亨被当地百姓挽留下来主持朝政，李亨从马嵬驿一路收拾残兵败将，继续北上，并在灵武（今宁夏灵武西南）即位称帝，是为唐肃宗。

安史之乱经历了怎样一个过程？

安史之乱是唐朝由盛而衰的转折点。安是指安禄山和其子安庆绪；史是指史思明和其子史朝义。安史之乱是指他们起兵反对唐王朝的一次叛乱。安史之乱自唐玄宗天宝十四年（公元755年）开始，到唐代宗宝应元年（公元762年）结束，前后长达8年之久。这次历史事件，是当时各种社会矛盾所促成的，是各种社会矛盾的集中反映，主要包括统治阶级和人民的矛盾、统治阶级内部的矛盾、民族矛盾以及中央和地方割据势力的矛盾等等。

唐朝天宝十四年十一月初九（公元755年12月16日），身兼范阳、平卢、河东三节度使的安禄山趁唐朝内部空虚腐败之际，联合同罗、奚、契丹、室韦、突厥等民族组成15万大军，以"忧国之危"、奉密诏讨伐杨国忠为借口在范阳起兵。当时唐代承平日久，民不知战，河北各州县立即望风瓦解，当地县令或逃或降。

唐玄宗得知安禄山反叛的消息后，相当震怒。他立即任命安西节度使封常清兼任范阳、平卢节度使，准备防守，接着任命他的六皇子荣王为元帅、右金吾大将军高仙芝为副元帅，率大军东征。

唐玄宗还派使毕思琛前往东都洛阳募兵防守。安禄山的大军虽然遭遇阻碍，但由于杨国忠的无能，使安禄山于同年十二月十二就攻陷了洛阳。东京留守李憕和御史中丞卢奕不肯投降，被俘后为安禄山所杀，河南尹达奚珣投降安禄山。负责守卫洛阳的安西节度使封常清、高仙芝坚守潼关不出。可是因为唐玄宗听了监军宦官的诬告，以"失律丧师"之罪处斩了封常清和高仙芝。天宝

十五年正月初一，安禄山在洛阳称大燕皇帝，改元圣武。

玄宗处死封常清、高仙芝之后，任命哥舒翰为统帅，镇守潼关。由于地势之险，唐军本可利用这个优势暂时死守，保卫京师。但是由于唐玄宗与杨国忠想尽快平定乱事，逼迫哥舒翰领 20 万大军出战，最后以失败收场。潼关一破，都城长安失陷在即。六月十三日凌晨，玄宗逃离长安。到了马嵬坡（今陕西兴平市西北 23 里）时，将士饥疲，六军不发，龙武大将军陈玄礼请求杀死杨国忠父子和杨贵妃。杨国忠被乱刀砍死，玄宗命令高力士缢死杨贵妃。然后兵分二路，玄宗逃往巴蜀地区。

太子李亨北上，在灵州（在今宁夏吴忠市区）自行登基，是为唐肃宗。郭子仪被封为朔方节度使，奉诏讨伐叛军。次年，郭子仪上表推荐李光弼担任河东节度使，联合李光弼分兵进军河北，会师常山（河北正定），击败安禄山部将史思明，收复河北一带。

唐肃宗至德二载（公元 757 年）正月，安庆绪杀死父亲安禄山，自立为帝，年号载初。命令史思明回守范阳，留蔡希德等继续围攻太原。同年，长安被唐军收复，安庆绪自洛阳败逃，退据邺城（今河南安阳），其部将李归仁率精锐及胡兵数万人投归范阳史思明。

因契丹、同罗等族组成的精兵大部都归附了史思明，安庆绪打算除掉史思明，于是史思明以所领 13 郡及 8 万大兵降唐，唐封他为归义王，任范阳节度使。

然而唐廷对史思明并不放心，策划消灭他，不料计划外泄，史思明复叛，与安庆绪遥相呼应。

乾元元年（公元758年），安庆绪被郭子仪等统兵20余万围困，后增至60万。次年，安庆绪得到史思明援助，大败唐军。宦官鱼朝恩因忌惮郭子仪功高，便乘邺城之败诋毁他，将失败的责任全推在他一人身上，于是肃宗将郭子仪召回长安，解除兵权。不久安庆绪被史思明所杀，史思明接收了安庆绪的部队，兵返范阳，自称"大燕皇帝"。

上元二年（公元761年）三月，叛军内讧，史思明被其子史朝义所杀，内部离心，屡被唐军所败。宝应元年（公元762年）十月，唐代宗即位，借助回纥兵收复洛阳，史朝义逃奔莫州（今河北任丘北）。仆固怀恩率朔方军追击史朝义。

宝应二年（公元763年）春天，田承嗣献莫州投降，将史朝义的母亲及妻子送于唐军。史朝义率5000残兵逃往范阳，史朝义部下李怀仙献范阳投降。史朝义无路可走，在林中自缢身亡，历时7年零2个月的安史之乱至此宣告结束。

唐廷任命田承嗣为魏博（今河北南部，河南北部）节度使，李怀仙为卢龙（今河北北部）节度使，李宝臣为成德（今河北中部）节度使，薛嵩为相卫节度使，此后唐朝进入藩镇割据的局面。

藩镇割据的局面是如何形成的？

唐朝自安史之乱以后，出现了中央集权削弱、藩镇强大、互相争战的局面，历史上称之为藩镇割据。当时节度使独揽一方军政财权，其职位由子弟或部将承袭，不受中央政令管辖。到公元9世纪初，全国藩镇达到40余个，他们互相攻伐，或联合对抗中央。唐

中央政府屡图削弱藩镇，收效甚微。这种局面延续了近2个世纪，一直到北宋初年才结束。

唐朝中叶以后，一部分地方军政长官开始据地自雄，不服从中央命令。藩是保卫，镇是指军镇。唐朝廷设置军镇，目的本是为了保卫自身安全，但结果却发展成为对抗中央的割据势力，这是封建统治者争权夺力的本性所造成的矛盾。

唐玄宗李隆基在位（公元712~756年）时期，由于均田制瓦解，建立在其基础上的府兵制亦随之瓦解，唐廷开始实行募兵制，募兵制的恶性发展形成了藩镇割据。唐廷为防止周边各族的进犯，大量扩充防戍军镇，设立节度使，并赋予节度使军事统领、财政支配及监察管内州县的权力，共设9个节度使和1个经略使。其中尤其是北方诸道权力的集中更为显著，经常以一个兼任两三镇节度使，安禄山就是凭借身兼范阳、平卢、河东三镇节度使而发动叛乱的。

安史之乱爆发后，为了抵御叛军进攻，军镇制度进一步扩展到内地，最重要的州设立节度使，指挥几个州的军事；较次要的州设立防御使或团练使，以扼守军事要地。于是在今天的陕西、山西、河南、安徽、山东、江苏、湖北等地出现很多节度使、防御使、团练使等大小军镇。后来逐步扩充到全国。这些本是军事官职，但节度使又常兼所在道的观察处置使（由前期的采访使改名）之名，观察处置使也兼都防御使或都团练使之号，都成为地方上军政长官，是州以上一级的权力机构。这就是唐代后期所谓的藩镇，也称为方镇。方镇并不都是割据者，在今陕西、四川以及江淮以南的方

镇绝大多数服从朝廷指挥,贡赋输纳中央,职官任免也是出于朝命。但是今河北地区则一直存在名义上仍是唐朝的地方官,而实际上割据一方、不受朝命、不输贡赋的河北三镇;今山东、河南、湖北、山西也曾在很长一段时期内存在类似河北三镇的藩镇;还有一些倚仗自己实力对中央跋扈不驯、甚至举行叛乱的短期割据者。江南的节度使大多是听命于中央的,而且其所辖地区是唐中后期朝廷财政收入的主要来源。后代史家将这种局面统称为"藩镇割据"。

朱泚之乱是怎么一回事?

建中四年(公元783年)十月,泾原兵变(唐建中四年十月至兴元元年六月,泾原兵因不满朝廷不给赏赐而在长安发动的兵变)发生,德宗仓皇逃往奉天,乱军拥立朱泚(cǐ)为主帅,围攻奉天,形势危急。消息传到魏博行营,李晟(chéng)接到求援诏书,立即从河北战场急赴关中。到代州时,李晟被任命为神策行营节度使。李晟率军从浦津渡过黄河,驻扎在东渭桥。一路上,李晟一边行军,一边招募士兵,开始时士兵只有4000人,由于李晟善于抚慰,能与士卒共甘苦,人们都乐意归附他,不到1个月时间,军队已发展到1万多人。此时,朔方、邠宁节度使李怀光也率领5万士兵从河北战场撤回赴援,赶到长安附近,并在礼泉击败了朱泚的叛军,其他各路援军也相继赶到,奉天之围已被瓦解,朱泚只好退守长安,危局有所扭转。兴元元年(公元784年)春,由于德宗听信卢杞的话,没有给李怀光恰当的礼遇和进行安抚,使李怀光心怀

不满，以致与朱泚彼此勾结，背叛朝廷，使刚刚好转的局势，又走向恶化。

在这个危难之际，李晟以坚忍不拔的毅力，充分发挥自己的聪明才智，力挽狂澜，使大唐王朝度过了这段危机四伏的艰难时期。

当时李怀光驻守在咸阳，反叛朝廷的面目还未明目张胆地暴露，为了吞并李晟的军队，他曾奏请朝廷与李晟合为一军，朝廷因不知其阴谋，于是同意了他的要求。李晟与李怀光两军联营，营垒还没有修筑完成，朱泚的大批军队已经赶到。李晟认为战机已到，于是对李怀光说："贼若固守宫苑，或旷日持久，未易攻取。今去其巢穴，敢出求战，此天以贼赐明公，不可失。"但李怀光寻找借口，不同意匆忙出战。李晟的军队军纪严明，每次与李怀光的军队一同出征，李怀光的兵士往往抢掠百姓的牛马财物，李晟的士兵则秋毫不犯。李怀光的士兵厌恶李晟的士兵不与自己一样抢掠，就

将他们抢来的财物分给李晟的士兵，李晟的士兵始终不敢接受。李怀光在咸阳驻守了数月，仍然停滞不前，德宗多次派人催促他出战。李怀光借口士兵疲惫，应当养精蓄锐，伺机再行动。李晟也派人诚恳地劝说李怀光说："贼据京邑，天子暴露于外，公宜速进，虽晟不肖，愿为公先驱，死且不悔。"李怀光非但不听，反而暗中与朱泚串通，谋反的迹象愈加明显。李晟为人非常机警，多次上奏提醒德宗，说李怀光可能有反叛之心，要求将军队迁至东渭桥，以免被吞并，但德宗仍然寄希望于李怀光。而李怀光此时正企图在各军之间制造矛盾，以激怒士兵。他上奏说："诸军粮赐薄，神策独

厚,厚薄不均,难以进战。"德宗感到很为难,于是派翰林学士陆贽到李怀光军营中进行安抚,并召见李晟一同商量军粮供给的事情。李怀光想让李晟自己请求减少粮食供给,从而使他失去士兵的拥戴,以达到破坏和阻止他在军事上取得胜利的目的,于是李怀光说:"将士战斗同而粮赐异,何以使之协力?"陆贽没有答话,多次用眼色暗示李晟,于是李晟非常巧妙地回答说:"公为元帅,得专号令,晟将一军,受指纵而已,至于增减衣食,公当裁之。"李怀光无言以对,只好作罢。然后,李晟以有诏令移军为名,移军到东渭桥,从而脱离了李怀光。不久,与李怀光联营的鄜坊节度使李建徽、神策行营节度使杨惠元的军队均被李怀光并吞。

李晟认为李怀光反叛的阴谋已昭然若揭,于是上奏德宗说:"缓急宜有备,蜀、汉之路不可壅。"请求德宗以裨将赵光铣为洋州刺史、唐良臣为利州刺史、张彧为剑州刺史,各率领500百军队防患于未然。然而德宗并没有采纳李晟的建议。

李怀光吞并李、杨二军亮出谋反旗号之后,德宗仓皇逃往梁州,感叹道:"早用李晟言,三蜀之利,可坐有也。"又担心地问浑瑊:"李晟之军在叛贼腹心,兵力孤绝,能否取胜?"浑瑊回答说:"晟秉义挺忠,卒然不可夺,臣策之,必破贼。"德宗这才安下心来。于是任命李晟为尚书左仆射、同中书门下平章事,又加任为河中、同绛节度使。挽救唐朝命运的大任就这样落在了李晟的肩上。

李晟为收复京城长安,积极做着准备。当时李怀光、朱泚联合,气焰极为嚣张。李晟率领孤军处在两股反叛势力中间,内无资粮、外无救援,处境非常被动。在如此紧要的关头,李晟临危不惧,

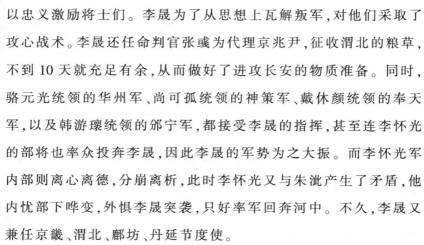

以忠义激励将士们。李晟为了从思想上瓦解叛军，对他们采取了攻心战术。李晟还任命判官张彧为代理京兆尹，征收渭北的粮草，不到10天就充足有余，从而做好了进攻长安的物质准备。同时，骆元光统领的华州军、尚可孤统领的神策军、戴休颜统领的奉天军，以及韩游瓌统领的邠宁军，都接受李晟的指挥，甚至连李怀光的部将也率众投奔李晟，因此李晟的军势为之大振。而李怀光军内部则离心离德，分崩离析，此时李怀光又与朱泚产生了矛盾，他内忧部下哗变，外惧李晟突袭，只好率军回奔河中。不久，李晟又兼任京畿、渭北、鄜坊、丹延节度使。

德宗到梁州以后，粮食供应困难，想要西往成都，朝臣议论不决。李晟立刻上表说："陛下驻跸汉中，所以系亿兆之心，成灭贼之势。若规小舍大，迁都岷、峨，则士庶失望，虽有猛虎谋臣，无所施矣。"德宗西往成都的想法才作罢。

兴元元年（公元784年）四月，李晟又被加任为鄜坊、京畿、渭北、商华副元帅。五月三日，李晟大规模列兵，向将士们宣布要收复京城长安，并率兵来到长安的通化门外，叛军早已丧失了锐气，不敢出击。为了保护百姓的安全和皇城的完好无损，李晟召集诸位将领询问他们该如何攻取长安。将领们都要求"先取外城，据坊市，然后北攻宫阙"。李晟认为"坊市狭隘，贼若伏兵格斗，居人惊乱，非官军之利也。今贼重兵皆聚苑中，不若自苑北攻之，溃其腹心，贼必奔亡。如此，则宫阙不残，坊市无扰，策之上者也"。各位将领都表示赞同，于是与备军约定日期会集在长安城下。

五月二十二日，尚可孤在蓝田击败朱泚叛军。二十五日夜晚，

李晟将军队从东渭桥转移到光泰门外米仓村，逼近京城，李晟占据高处指挥。二十六日，朱泚的猛将张庭芝、李希倩率领大批士兵赶到，李晟说："吾恐贼不出，今冒死而来，天赞我也。"继而命令副元帅兵马使吴诜等人发兵攻击。当时华州军营在北边，兵力薄弱，叛军集中兵力进攻，于是李晟命令牙前将李演、孟华率领精兵去援救。李演等人经过一番激烈奋战，大败叛军，并乘胜进入光泰门。

五月二十七日，李晟再次出兵，很多将领请求等到西部军队到来以后，再对叛军进行夹攻，李晟说："贼数败，已破胆，不乘胜取之，使其成备，非计也。"二十八日，李晟列阵在长安光华门外，派李演及牙前兵马使王佖率领骑兵、派牙前将史万顷率领步兵直抵苑墙神村。在此之前，李晟已先派人在夜间将苑墙打开将近200多步长，等到李演等人赶到时，叛军已经树立了栅栏拦截。他们从栅栏中刺射官军，使得官军难以前进。李晟大怒，严厉斥责各位将领说："安得纵贼如此，当先斩公等！"史万顷非常害怕，率领兵士们率先冲进，拔掉栅栏，冲进叛军脏腑，王佖、李演率领骑兵跟随其后，叛军大败。姚令言率领叛军仍在负隅顽抗。李晟命令决胜军使唐良臣率领步骑兵进逼，搏战几十回合，叛军大败。到了白华门，叛军有数千骑兵出现在官军的后面，李晟率领100余骑兵回身抵御，左右的人大呼："相公（李晟）来了！"叛军闻风丧胆、惊恐逃散。朱泚率领残兵败将逃离长安，李晟派兵马使田子奇乘胜追击，其余叛军相继归降。

朱泚逃到彭原西城之后被部将杀死。七月，德宗回返长安。至

此，历时9个月的朱泚之乱完全平息了。李晟被任命为司徒、兼中书令。为了表彰李晟的功勋，德宗下令在东渭桥立下一块纪功碑。

甘露之变是怎么一回事？

唐文宗在位期间，朝臣分为牛、李两派，各有朋党，相互攻击。官员调动频仍，朝政乃至皇帝的生死废立皆由宦官一手操纵。文宗一心想铲除宦官势力，夺回皇帝应有的权力，便从下层分别提拔了郑注、李训为御史大夫和宰相，作为自己的心腹。文宗采纳郑注等人的建议，首先利用宦官之间的矛盾任命王守澄部下仇士良为左神策中尉，掌管一部分禁卫军，用以削弱王守澄的军权，随后，文宗又削去王守澄的兵权，下令王守澄饮毒酒自尽。此时，郑注已被任命为凤翔节度使，文宗决定让郑注挑选几百亲兵，乘下葬王守澄全部宦官去送葬之机，将他们一网打尽。李训为了抢功，乘郑注去凤翔搬兵之时，又与文宗商定改变原来计划，先下手除尽宦官，然后再逐走郑注。

公元835年的一天，文宗上朝，李训指使手下官员向文宗奏报，左金吾大厅后的石榴树上有甘露，李训说这乃是祥兆，就带领文武百官向文宗道贺。文宗命令李训率领百官去察看虚实，李训回来又说那不像真的甘露，文宗故作惊讶状，随即命仇士良、鱼志弘带领众宦官再去察看。李训事先已经在左金吾衙门埋伏了几百名亲兵。当仇士良等宦官在禁卫军将军韩约（也是李训的党徒）陪同下走到左金吾门口时，韩约突然显得神情有些慌张，脸色都白了，这就使仇士良产生了疑心。正在此时，一阵风吹动了门边的布

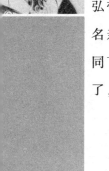

幕，仇士良看见里面埋伏了很多兵士，知道设有埋伏，对自己不利，于是急忙退身逃回，将文宗推入软轿抬上就走。李训追上去拉住轿子不放，却被一个宦官当胸一拳打倒在地。仇士良等人便簇拥着轿子逃入宫内。李训见计划败露，于是化装逃出京城。仇士良指挥神禁军大肆搜捕李训余党，杀戮了朝官1000多人，并在终南山追杀了李训。郑注闻讯后，急忙引兵退回凤翔，也被监军张仲清所杀。这就是历史上著名的"甘露之变"。

事变之后，文宗被宦官软禁起来，一切政事皆由宦官集团掌握。朝中宰相也只是行文书之职而已。宦官盛气凌人，上威胁天子，下藐视宰相，欺凌百官。文宗对此一筹莫展，只好饮酒求醉。

公元840年正月，文宗抑郁成疾，不能下床。当月，文宗带着无限的惆怅病逝于长安宫中的太和殿。一直到朱温在公元903年大杀宦官之后，唐朝的宦官势力才消失，唐朝不久也因朱温篡权而灭亡。

"二王八司马事件"是怎么一回事？

二王八司马事件，即永贞革新，是指唐朝顺宗时期官僚士大夫以打击宦官势力为主要目的的一次改革，因发生于永贞年间，故名"永贞革新"。唐朝从玄宗时的高力士起，开始出现宦官擅权的现象；到肃宗时期的李辅国，宦官又掌握了军权。到唐朝中后期，宦官们专恣骄横，引起皇帝和某些官僚士大夫的不满。永贞元年（公元805年），唐顺宗李诵即位，他的东宫旧臣王叔文、王伾居翰林用事，引用韦执谊为宰相。他们与柳宗元、刘禹锡等人结成政

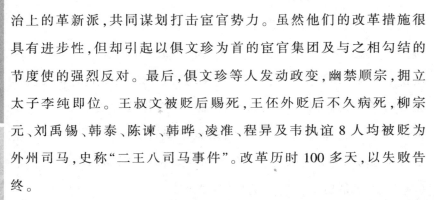

治上的革新派,共同谋划打击宦官势力。虽然他们的改革措施很具有进步性,但却引起以俱文珍为首的宦官集团及与之相勾结的节度使的强烈反对。最后,俱文珍等人发动政变,幽禁顺宗,拥立太子李纯即位。王叔文被贬后赐死,王伾外贬后不久病死,柳宗元、刘禹锡、韩泰、陈谏、韩晔、凌准、程异及韦执谊8人均被贬为外州司马,史称"二王八司马事件"。改革历时100多天,以失败告终。

安史之乱以后,中央对地方失去控制,逐渐形成藩镇割据的局面。德宗时期,藩镇割据的形势日益严峻。同时藩镇之乱也此起彼伏。公元783年十月,泾原兵奉前卢龙节度使朱泚为主,举兵造反,德宗被迫逃往奉天,转走梁州,直到公元784年七月,才得以重返长安。此后,长安又屡遭藩镇围困。在这种情况下,如何抑制藩镇势力,重建中央集权,成为唐王朝君臣必须正视的问题。

安史乱以后,君主不信朝臣,宦官得以干政。肃宗时的李辅国,代宗时的程元振、鱼朝恩,以宦官的身份执掌兵符,权力更盛。

德宗出奔奉天,因窦文场、霍仙鸣护驾有功,德宗封二人为神策中尉,宦官主管禁军遂成为制度。此后,宦官由于军权在手,无所顾忌,横行妄为。在这种情况下,如何抑制宦官势力,夺回国家军权,也成为唐王朝君臣必须正视的问题。

永贞革新的内容主要是:收夺宦官兵权,制裁藩镇跋扈,打击贪官污吏,废除宫市、五坊小儿及进奉等弊政,免除民间欠税和各种杂税,选拔德才兼备的人为官等。

贞元二十一年(公元805年)正月二十三日,德宗死。二十六

日，太子李诵即位，是为顺宗，革新运动自此拉开序幕。在顺宗的支持下，王叔文集团掌权，以韦执谊为宰相，颁布一系列明赏罚、停苛征、除弊害的政令，革除宫市、五坊小儿及进奉等进展较为顺利。史称"市里欢呼"、"人情大悦"。为了统一事权，革除弊政，王叔文集团尤其注意掌握财权和从宦官手中夺取兵权，于是以与刘禹锡有联系的宰相杜佑兼度支使及诸道盐铁转运使，王叔文为副使，韩晔、陈谏、刘禹锡、凌准判案，李谅为巡官，程异为扬子院留后。其中西川节度使韦皋妄图完全领有剑南三川，以扩大地盘，但其阴谋未能得逞。王叔文乘势命宿将范希朝为左、右神策、京西诸城镇行营节度使，韩泰为其行军司马，前去接管宦官手中的兵权。由于遭到宦官集团的强烈抵制，夺兵权计划未能实现。

不久，唐顺宗中风，经过治疗后哑了，因而失去执政能力。而王叔文因为母亲死了，按例要告假回家守丧，王伾也突然患了中风，革新派从此失去了中坚力量。宦官俱文珍、刘光琦和剑南西川（今四川成都）节度使韦皋、荆南（今湖北江陵）节度使裴钧、河东（今山西太原南）节度使严绶串通起来反对王叔文集团，策动神策军将官拒绝范希朝接权，又暗中策划宫廷政变，胁迫顺宗禅位。顺宗由于久病失语，又遭到宦官与藩镇的激烈反抗，八月被迫禅位，并改元"永贞"。次年正月，顺宗李诵因病去世。

历史上称这一事件为"二王八司马事件"。因顺宗在位期间的年号为"永贞"，因此又称这次政治革新运动为"永贞革新"。永贞革新宣告失败，前后共 146 天。

宦官得势以后，王叔文、王伾即遭贬逐。王伾被贬为开州司

马,不久病死;王叔文被贬为渝州司户,次年被赐死。公元805年(永贞元年)八月,太子李纯即位,是为唐宪宗。参与这次革新运动的其他人均被贬为外州司马:韦执谊被贬为崖州司马;韩泰被贬为虔州司马;陈谏被贬为台州司马;柳宗元被贬为永州司马;刘禹锡被贬为郎州司马;韩晔被贬为饶州司马;凌准被贬为连州司马;程异被贬为郴州司马。"八司马"以外,陆质先早已病死;李景俭守丧,吕温出使吐蕃未还,没有参加革新运动,所以未遭贬谪;在王叔文集团中地位比较次要的李谅、李位,稍后也被逐出了朝廷。

牛李党争是怎么一回事?

牛李党争,也被称为朋党之争。在宦官专权的日子里,唐朝朝廷的官员中反对宦官的大都遭到排挤打击,而依附宦官的又分为两派,即以牛僧孺为首领的牛党和以李德裕为首领的李党,这两派官员互相倾轧,争吵不休,从唐宪宗时期开始,一直到唐宣宗时期才结束,闹了将近40年,历史上将这次朋党之争称为"牛李党争"。

牛李党争是唐朝末年高官争权的现象,文宗曾有"去河北贼非难,去朝廷朋党实难"的感慨,牛李党争加速了唐王朝灭亡的步伐。牛李党争是由一次进士考试而引起的。唐宪宗在位时期,有一年长安举行考试选拔人才,举人牛僧孺、李宗闵在考卷里抨击了朝政。考官认为这两个人符合选择的条件,便把他们推荐给唐宪宗。这件事传到宰相李吉甫(李德裕的父亲)的耳朵里。李吉甫见牛僧孺、李宗闵批评朝政,揭露了他的短处,对他非常不利。于是

李吉甫在唐宪宗面前说,这两个人(牛僧孺、李宗闵)与考官有私人关系。宪宗信以为真,就把几个考官降了职,牛僧孺和李宗闵也没有受到提拔。不料这件事却引致朝野哗然,大臣们争相为牛僧孺等人鸣冤叫屈,谴责李吉甫妒贤嫉能。迫于压力,唐宪宗只好将李吉甫贬为淮南节度使,另外任命宰相。这样朝臣就分成了两个对立派。但此时李德裕、牛僧孺尚未进入朝廷供职,所以派系斗争色彩尚不浓厚。

唐穆宗即位后,又举行进士考试,由牛党人物钱徽主持。结果又被告徇私舞弊。在时任翰林学士的李德裕的证实下,钱徽被降职,李宗闵也受到牵连,被贬谪到外地去了。李宗闵认为李德裕成心排挤他,便恨透了李德裕。牛僧孺当然很同情李宗闵。于是后来牛僧孺、李宗闵就跟一些科举出身的官员结成一派,李德裕也跟士族出身的人结成一派,两派明争暗斗、势同水火。唐文宗即位以后,李宗闵走上了宦官的门路,当上了宰相。李宗闵向文宗推荐牛僧孺,也把他提拔成了宰相。这样,二人一同掌权,合力打击李德裕,并将李德裕调出京城,贬谪为西川(今四川成都)节度使。那时候,西川附近一个吐蕃将领投降,李德裕趁机收复了一个重镇维州(今四川甘孜州东部)。李德裕大喜,立即上书朝廷,以为自己立下大功,肯定能飞黄腾达。但宰相牛僧孺却对唐文宗说:"李德裕收复了一个维州,算不了什么;跟吐蕃搞坏关系,那才不上算呢!"牛僧孺还要唐文宗下诏叫李德裕将维州还给吐蕃,李德裕气得要命。后来到了唐武宗即位,牛党失势,李德裕重新当上了宰相。为了报仇,他极力排斥牛僧孺和李宗闵,并把牛党的人全都贬谪到

一本书知晓唐朝

南方去了。公元846年，唐宣宗即位后，对武宗时期的旧臣一概排斥，撤了李德裕的宰相职务，将李党的人全部贬谪到朱崖州（今海南）。至此，闹了40年的牛李党争终于结束了，但混乱的唐王朝已经乱得一塌糊涂、不可收拾了。

唐朝为什么会出现宦官专权的政治局面？

宦官是指中国古代被阉割后失去性能力而专供皇帝、君主及其家族役使的官员。"宦"，本为星座名称，宦者四星在帝座之西，因而用以为帝王近幸者的名称。宦官又称阉狗、阉人、阉官、宦者、中官、内官、内臣、内侍、内监、阉竖等。太监本为官名，唐高宗时，改殿中省为中御府，以宦官充任太监、少监。所以后来宦官也通称为太监。

宦官专权是唐朝后期政治生活中的重要特色。唐前期，宦官的品级和权势地位都有严格的限制，他们在政治生活并不扮演重要角色。玄宗晚年深居后宫，宠信宦官高力士，宦官得以逐渐参与政事。代宗即位后，宦官李辅国恃拥立之功，独揽军政大权，后因骄横太甚，被代宗所杀。代宗又先后起用宦官程元振、鱼朝恩典掌禁军。鱼朝恩被代宗杀死后，宦官不再典兵。德宗时期，朱绩、李怀光叛乱被平定后，宦官再度专制禁兵。贞元十二年（公元796年），德宗任命窦文场、霍仙鸣两名宦官为左右神策军护军中尉，至此，宦官典掌禁军成为定制。神策军待遇优厚，兵员众多，实力远在其他禁军之上，是中央唯一的有较强战斗力的军队。宦官凭借典掌神策军这一优势，政治势力进一步膨胀。宪宗时期，设枢密使两

员，由宦官出任，由此，宦官正式参与机要。两中尉与两枢密合称"四贵"，权势炙手可热。宦官集团干预朝政，监临诸镇，进退朝官，任命节帅，甚至分为派系，互相攻杀，废立皇帝。

在社会经济生活中，宦官也是腐朽势力的代表，他们广占良田，大兴园宅，勒索百姓，卖官鬻爵。宦官的专权与跋扈逐渐引起了皇帝和官僚士大夫的强烈不满，他们曾屡次发动剪除宦官势力的斗争，著名的有顺宗时期的"永贞革新"，文宗时期的"甘露之变"，结果都以失败告终。有识之士多次疾呼上言，抨击宦官专权，但都无济于事。唐朝末年，宦官与藩镇节帅内外勾结，攻杀不止，败坏朝纲。昭宗天复三年（公元903年），汴宋节度使朱全忠拥兵逼迫昭宗从凤翔还京，将朝内外宦官诛杀殆尽。至此，唐朝宦官势力全部被铲除。

黄巢起义经历了怎样的历程？

黄巢出身在一个盐商家庭，善于骑射，粗通笔墨，屡试不第，曾组织盐帮，与朝廷缉查私盐进行过多次武装冲突。乾符二年（公元875年），王仙芝、尚让等在长垣（今河南长垣东北）起兵造反。黄巢在冤句（今山东菏泽市西南）与子侄黄揆和黄恩邺等8人起兵，响应王仙芝。

黄巢军最初向东进攻沂州（今山东临沂），但没有成功，继而转攻山东、河南等地，先后攻占了阳翟（今河南禹县）、郏城（今河南郏县）等8县。乾符三年九月，黄巢攻克汝州（今河南临汝），杀死唐将董汉勋，俘虏汝州刺史王镣，直逼东都洛阳。王镣是宰相王

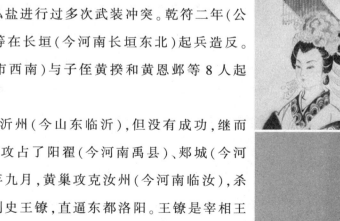

铎的堂弟,王镣为王仙芝写信给蕲州刺史裴偓,表示愿意接受"招安"。同年年底,裴偓诱降王仙芝,承诺授予他左神策军押牙兼监察御史之职,黄巢坚决反对,大骂王仙芝:"始吾与汝共立大誓,横行天下。今汝独取官而去,使此五千余众何所归乎?"随后,黄巢用杖击伤王仙芝头部,头破血流,其众喧哗不已。由于"招安"不成,蕲州刺史裴偓逃往鄂州。不久,起义军一分为二,3000余人跟随王仙芝,黄巢引兵2000北上。乾符四年(公元877年)二月,黄巢率军攻陷郓州(今山东郓城),杀死节度使薛崇。三月,黄巢又攻破沂州。与此同时,王仙芝攻破鄂州(今湖北武昌),王、黄又再度合兵进攻宋州(今河南商丘南方),不久又分兵,王仙芝转攻郢州。唐朝招讨副都监杨复光再次诱降王仙芝,王仙芝派尚君长、楚彦威等人前去商谈归降事宜,中途被唐招讨使宋威所劫持,宋威贪功,将尚君长等人移送到长安邀功请赏,尚君长等人全部被杀,王仙芝闻讯大怒,招降之事再次失败。朝廷因宋威"杀尚君长非是",镇压"无功",解除其兵权,擢升曾元裕为招讨使,又调西川节度使高骈任荆南节度使。乾符五年初,王仙芝率军攻破荆南(今湖北江陵)罗城,由于沙陀兵援军赶到,王仙芝转至申州。乾符五年(公元878年)二月,王仙芝在黄梅(今湖北黄梅西北)兵败被曾元裕部斩杀,余部逃奔亳州(治今安徽亳县)投靠黄巢,并推举黄巢为黄王。黄巢自称"冲天大将军",转战黄淮流域,又进军长江下游一带。

乾符五年三月,黄巢率军进攻汴(今河南开封)、宋(治今河南商丘)二州,被东南面行营招讨使张自勉阻拦,继而转攻卫南(今

河南滑县东北）、叶（河南叶县）、阳翟（河南禹县）等地，朝廷征调义成兵 3000 人守卫东都附近的伊阙（今河南洛阳南）、武牢等地，官军势力大壮，黄巢不得不率军渡江南下，与旧部王重隐相呼应，先后攻下饶、信等州。同年十二月，黄巢进入福州（今属福建），转入广东。乾符六年（公元 879 年）九月，黄巢攻克广州，俘虏唐岭南东道节度使李迢，继而分兵西取桂州（广西桂林），控制岭南，并自称"义军都统"，发布檄文，斥责朝廷"宦竖柄朝，垢蠹纪纲，指诸臣与中人赂遗交构状，铨贡失才"。广州是唐朝最大的对外贸易港口和重要的财赋供应地之一，黄巢军在广州大肆滥杀无辜，暴露了他残暴凶狠的局限性。

由于岭表气候湿热，黄巢兵将多患瘴疫而死，很多将士劝黄巢北归，黄巢看到军士们气低落，于是决定北还。同年，黄巢率军沿湘江而下，进逼江陵，北向襄阳。唐廷得知黄巢即将北上，派宰相王铎为南面行营招讨都统，屯兵江陵，又任命李系为行营副都统兼湖南观察使，统兵 10 万驻扎潭州（今湖南长沙）。此时农民军接连攻下永州（今湖南零陵）和衡州（今湖南衡阳），兵临潭州城下，李系惊恐，将城门紧闭。黄巢大举攻城，一日便攻克潭州。尚让乘胜追击，率 50 万大军进逼江陵，王铎逃往襄阳（今属湖北襄樊），黄巢兵不血刃占据江陵，北趋襄阳。山南东道节度使刘巨容和淄州刺史曹全晸合兵，在荆门（今湖北荆门）大破农民军。黄巢和尚让收拾余众渡江东走，这时刘巨容以"朝廷无信"停止攻势，曹全晸正要渡长江时，朝廷命泰宁都将段彦谟取代曹全晸为招讨使，曹全晸也停止了进攻，段彦谟杀死荆南安抚使宋浩及其二子。

黄巢转攻江西,饶(治今江西波阳)、信、池(治今安徽贵池)、宣等15州。

广明元年(公元880年)三月,高骈(唐末大将)派大将张璘渡江南下,狙击黄巢,黄巢退守饶州(治今江西鄱阳),张璘乘胜进军。五月,黄巢又退守信州(治今江西上饶)。春夏之际,岭南发生瘟疫,黄巢军兵力损失惨重。张璘穷追不舍,黄巢假装投降,并且用大量黄金贿赂张璘,恳求他手下留情,高骈上奏朝廷,声称黄巢军"不日当平,不烦诸道兵,请悉遣归"。宰相卢携以朝廷名义,遣散了诸道唐兵。黄巢得知唐诸道兵已北渡淮河,立即与高骈绝交。五月,黄巢北上,乘胜攻占了睦州(治今浙江建德)、婺州(治今浙江金华),张璘在信州战死,六月,黄巢相继攻克了池州(治今安徽贵池)、睦州、婺州和宣州等地,并乘胜强渡长江。

广明元年八月,黄巢击败曹全晟,渡过淮河,淮北相继告急。高骈慑于黄巢的威势,坐守扬州(今江苏扬州),以保存实力。十月,黄巢攻陷申州(今河南信阳),进入颍州(治今河南阜阳)、宋州(治今河南商丘)、徐州(治江今苏徐州)、兖州(治今山东兖州)。十一月,黄巢兵至汝州,十七日攻下东都洛阳。十多天后,黄巢从洛阳挥兵西进。十二月初三,黄巢攻下潼关(今陕西潼关东北),初四攻下华州(治今陕西华县),然后抵达霸上。初五(公元881年1月8日),唐僖宗带领随从宦官田令孜等仓皇逃奔四川成都。

中和元年(公元881年),黄巢率军进入长安,金吾大将军张直方率众迎接黄巢大军进城。黄巢大军入城后,军纪严明,向贫民散发财物,百姓列席欢迎。广明元年十一月(公元881年1月16

日），黄巢在含元殿即位称帝，建立了大齐政权，年号金统。次年，唐军曾一度攻入长安，齐军暂时撤出，驻军霸上，唐军入城后烧杀掳掠，不得民心，齐军在当夜发起反攻，将唐军驱逐出城。这一次黄巢因痛恨百姓协助官军，因此下令大肆屠杀城中百姓，血流成河。黄巢并没有乘胜追击唐僖宗，从而让唐军有了喘息的机会。

　　中和二年（公元882年），远在四川的唐僖宗发起反攻，九月，齐军将领朱温在同州（今陕西大荔）与王重荣交战中，投降唐军，被任命为右金吾大将军，赐名全忠。沙陀族李克用又率援军助唐，齐军大将赵璋战死，华州、兰田相继失守。中和三年四月，黄巢撤出长安，逃入商山，沿途大量抛弃黄金珠宝，唐军因争抢金银财宝，所以并未急于追击黄巢。齐军以孟楷为先锋，进逼蔡州（今河南汝南），唐军守将秦宗权战败投降。六月，齐军围攻陈州（今河南淮阳），遭遇刺史赵犨顽强抵抗，经过数百战，始终未能攻克陈州。齐将孟楷在进军河南的途中，不幸被俘牺牲。黄巢听闻孟楷遇害，极端愤怒，命部队驻扎溵水，誓为孟楷报仇。为了应付全军的粮食问题，黄巢以人肉为粮糠。黄巢围困陈州将近300天，几乎吃了数十万人。唐军在陈州附近的西华（今天河南境内）大败黄思邺（黄巢弟弟，义军将领），齐军退据故阳里（今淮阳北部），陈州之围遂解。黄巢引兵向汴州行进，尚让率5000精锐直逼大梁（今河南开封）。

　　中和四年（公元884年）春天，李克用率兵5万，自河中南渡，在太康、汴河、王满渡（今河南中牟北）连败齐军，黄巢只好转战山东。中和四年三月，朱温在王满渡大败黄巢。黄巢的手下李说、葛

从周、杨能、霍存、张归霸、张归厚、张归弁等投降朱温。黄巢率残部向东北逃亡,在封丘(今河南封丘)遇上李克用的大军。黄巢集合散兵近千人转奔兖州。六月十五日,武宁节度使时溥派李师悦率兵万人,与降将尚让紧追其后。同年六月十七日(7月13日),黄巢在狼虎谷(今山东莱芜)被部下林言杀死(一说自杀,另有黄巢最后出家的说法)。清代学者聂剑光在《泰山道里记》里记载:"黄巢死于泰山……九顶山南有大冢,俗称黄巢墓。"

由于黄巢残暴毒虐,观念狭隘,嗜好滥杀无辜,攻克长安之后不思进取,又缺乏经济政策,最后被唐军击败。黄巢从子(兄弟的儿子)黄皓率残部流窜,号称"浪荡军"。昭宗天复初年,黄皓在进攻湖南时,被湘阴土豪邓进思伏杀,至此唐末农民战争结束。黄巢起义失败以后,唐朝又勉强维持了二十三年的国祚。哀帝天佑四年(公元907年),宣武节度使朱温篡唐,建国号为梁。唐朝灭亡,中国历史从此进入五代十国时期。

科技文化篇

孙思邈在医学方面有哪些重要贡献？

孙思邈，唐朝京兆华原（现陕西耀县）人，是我国唐代杰出的医药学家，也是中国乃至世界史上著名的医学家和药物学家，被誉为"药王"。

大约在公元 625 年，孙思邈撰成了《备急千金要方》，简称《千金方》，共 30 卷。后来，他又撰成《千金翼方》30 卷。孙思邈埋头医学研究，躬身医学实践，对我国医学发展有承前启后的重大贡献。孙思邈非常重视医德。他在《千金要方》中写了专论医德的《大医精诚》篇。孙思邈在《大医习业》篇中，要求为医者应当谦虚好学，精勤不倦，不仅要学好专业知识，还必须涉猎群书，开拓自己的视野，提高分析和解决问题的能力。

孙思邈的贡献是多方面的，他在临证各科、食疗、药物学、养生学等方面均有很大成就。

在药物学方面，孙思邈总结了前代本草著述，重视"地道"药材，强调药物的栽培、采集、炮制、管理、贮藏方法。他非常注重药物的实际效果，反对滥用贵重药品。为了提高药物疗效，他提倡自种自采和亲自动手炮制。为了提醒人们对"地道"药材的重视，他还列了专节论述地道药材。由于孙思邈在用药方面有卓越的贡献，因此被后人尊为"药王"。

在临证方面，孙思邈发展了张仲景的伤寒学说。他既重视前人的宝贵经验，又尊古而不泥于古，他把《伤寒论》的内容，比较完整地整理在《千金翼方》中，为后世研究《伤寒论》提供了比较可靠

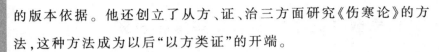

的版本依据。他还创立了从方、证、治三方面研究《伤寒论》的方法，这种方法成为以后"以方类证"的开端。

孙思邈还非常重视妇、儿科疾病的诊治。《千金要方》首列《妇人方》3 卷，接着又列《少小婴孺方》2 卷，所载的妇人方，从求子到调经，几乎囊括了所有的妇科常见疾病。在保健、护理方面论述得更加详细。

孙思邈一生著述 80 余部，除了《千金要方》和《千金翼方》外，还有《老子注》、《庄子注》、《枕中素书》1 卷、《会三教论》1 卷、《福禄论》3 卷、《摄生真录》1 卷、《龟经》1 卷等。

孙思邈为祖国医药学的发展，贡献了自己的毕生精力，而他本人，也是以德养性、以德养身、德艺双馨的代表人物之一，成为历代医家和百姓尊崇倍至的伟大人物。为了表达对他的尊敬和怀念，人们把他尊为"药王"，并把他常去采药的山（陕西耀县东部）称为"药王山"。山里现在还有一座古庙，称为"药王庙"。庙里有个石洞，洞里有个老人的塑像，这老人便是孙思邈。

僧一行有哪些重要的科技成就？

僧一行，本名张遂，是中国唐代的天文学家和比丘（即和尚），邢州巨鹿人（今河北省邢台市），唐高宗咸亨四年（公元 673 年），出生于魏州昌乐（今河北魏县）。青年时期出家做了和尚，一行是他的法名。僧一行在青少年时期就刻苦好学，掌握了渊博的学问。他曾经到长安城内藏书很多的元都观借书阅览。稍后他为了学习数学知识，又徒步跋涉数千里，遍访名人圣贤。

开元五年（公元717年），一行从所隐居的荆州当阳山佛寺来到京都长安，充任唐玄宗的顾问。一行在长安生活了10年，在开元十五年（公元727年）逝世。在这10年中，一行主要致力于天文研究和历法改革，并且作出了突出的贡献。他是世界上第一位测量子午线的人。

开元九年（公元721年），唐玄宗命令一行主持修订新历法。在修历问题上，一行秉承了我国天文学上的优良传统，主张在实测日月五星运行情况的基础上编制新历。为此，他与机械专家梁令瓒一起，共同创制了黄道游仪、水运浑天仪等大型天文观测仪器和演示仪器，为修订新历奠定了物质技术基础。

黄道游仪是用来观测日、月、星辰的位置和运行情况的天文仪器，是浑仪的一种。水运浑天仪是用水力驱动的能模仿天体运动的仪器，类似于现代的天球仪。这种水运浑天仪有规律地演示出日、月、星象的运转，比张衡的水运浑象更精巧。另外，水运浑天仪上还设有两个木头人，用齿轮带动，一个每刻（古代把1昼夜分作100刻）自动击鼓，另一个每辰（合现在2小时）自动撞钟。可以说它是现代钟表的祖先，比公元1370年西方出现的威克钟要早6个世纪。

仪器制成以后，开元十二年（公元724年），一行组织了一次大规模的天文测量活动。测量内容包括二分（春分、秋分）、二至（冬至、夏至）正午时分八尺之竿（表）的日影长、北极高度（天球北极的仰角）以及昼夜的长短等。为了测量北极仰角，一行设计制造了一种叫"覆矩"的测量工具，并且根据观测数据绘制了《覆矩图》

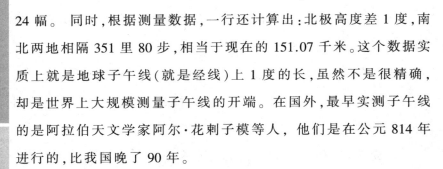

24 幅。 同时,根据测量数据,一行还计算出:北极高度差 1 度,南北两地相隔 351 里 80 步,相当于现在的 151.07 千米。这个数据实质上就是地球子午线(就是经线)上 1 度的长,虽然不是很精确,却是世界上大规模测量子午线的开端。在国外,最早实测子午线的是阿拉伯天文学家阿尔·花剌子模等人,他们是在公元 814 年进行的,比我国晚了 90 年。

在大规模实地观测和吸收前人研究成果的基础上,一行在开元十三年(公元 725 年)开始制订新历,到开元十五年,完成初稿,取名《大衍历》。可惜就在同一年,一行与世长辞了。他的遗著经张说、陈玄景等人整理,共 52 卷。

总之,一行在天文、历法、仪器制造等方面都有巨大的成就和贡献,是一位在中国科学技术史上卓有建树的著名科学家。

火药是如何被发明的?

火药和造纸术、印刷术、指南针并称为我国古代科技的四大发明。很多史籍表明,最早的火药,是在公元 9 世纪后半期唐末宋初成功问世的。

当时发明的火药,现在叫做黑色火药,是硝石、硫磺和木炭三种粉末的混合物。硝石的化学成分主要是硝酸钾,硝酸钾是一种氧化剂,加热时释放出氧气。而硫和炭容易被氧化,因此把硫磺、木炭、硝石混合在一起燃烧,就会发生迅猛的氧化还原反应,在反应中放出高热和产生大量气体。如果混合物是包裹在纸、布或充塞在陶罐、石孔里,燃烧时由于体积突然膨胀,就会发生爆炸,这

就是黑火药燃烧爆炸的原理。

火药是我古代的炼丹家发明的。在炼丹过程中,炼丹家们很注重硫磺,因为硫磺是能够制服金属的特异物质,它可以和水银化合生成硫化汞,还可以和铜铁等金属化合。硫磺性质活泼,容易着火。为了控制硫磺,炼丹家们将硫磺和其他物质一起加热形成化合物,用以改变它容易着火的性质,这种方法叫做"伏火法"。在进行硫磺"伏火"的各种实验中,炼丹家们发现当硫磺、木炭和硝石一起加热时,极易发生激烈的燃烧。由于硫磺和硝石在我国古医书上被列为治病的药物,因此把它们和木炭的混合物称为"火药",意思就是会着火的药。

在《诸家神品丹法》卷五中,记载着唐初医学家兼炼丹家孙思邈的"丹经内伏硫磺法",由此可知,当时人们已经掌握了由硝石、硫磺、木炭混合在一起的火药的初步配方。

火药在军事上、生产中有着非常重要的作用。马克思曾把火药和印刷术、指南针的发明称为"是资产阶级发展的必要前提"。公元 13 世纪初期和中期,火药传到阿拉伯国家。13 世纪下半期,欧洲人从阿拉伯书籍中得到有关火药的知识。14 世纪上半期,欧洲才开始制造火药武器。

雕版印刷术的发明经历了怎样一个历程?

中国古代的文字雕刻技术历史悠久,源远流长,商代的甲骨文,就是先写字后雕刻而成的。

青铜器铭文,在浇铸前需要刻制字范,这种字范应该是一种

凸起的反体字,说明当时已有高超的文字雕刻技艺。

中国古代的石刻文字,历史悠久、数量繁多,反映了精湛而娴熟的文字雕刻技艺。

南北朝时期,出现了反体石刻和凸体石刻以及在木板上雕刻的技术。这些技术,与印版的雕刻更为接近。

大约在公元 3 世纪的晋代,随着纸、墨的出现,印章也开始流行起来。公元 4 世纪东晋时期,石碑拓印得到了发展,雕版印刷将印章和拓印结合起来,再把印章扩大成一个版面,蘸好墨,仿照拓印的方式,把纸铺到版上印刷,这就是雕版印刷的雏形。大约在公元 7 世纪前期,世界上最早的雕版印刷术在唐朝(公元 618~907 年)诞生了。雕版印刷需要先在纸上按所需规格书写文字,然后反贴在刨光的木板上,再根据文字刻出阳文反体字,这样雕版就制成了。接着在版上涂墨,铺纸,用棕刷刷印,然后将纸揭起,就成为印品。雕刻版面需要大量的人工及材料,但雕版完成后一经开印,就会显示出效率高、印刷量大的优越性。我国现存最早的雕版印刷实物是在敦煌发现的印刷于公元 868 年的唐代雕版印刷《金刚经》。

《唐律疏议》是怎样一部法典?

《唐律疏议》是唐高宗永徽二年(公元 651 年)颁行的一部法典,共计 500 条,分为《名例律》、《卫禁律》、《职制律》、《户婚律》、《厩库律》、《擅兴律》、《贼盗律》、《斗讼律》、《诈伪律》、《杂律》、《捕亡律》、《断狱律》等 12 篇。《唐律疏议》是中国现存最完整、最

古老的一部典型的封建法典。

《唐律疏议》由于颁行于唐朝永徽年间，故而又被称为《永徽律疏》。唐高宗永徽二年（公元651年），长孙无忌、李绩等人在《贞观律》的基础上加以修订，将原《贞观律》名例篇中的"言理切害"改为"情理切害"，并作了郑重说明："旧律云言理切害，今改为情理切害者，盖欲原其本情，广思慎罚故也。"最后，长孙无忌等人奏上新撰律12卷，是为《永徽律》。由于当时中央、地方在审判中对法律条文理解不一，而且每年科举考试中明法科考试也没有统一的权威标准，于是唐高宗在永徽三年下令召集律学通才和一些重要臣僚对《永徽律》进行逐条逐句的解释。这些人继承汉晋以来，尤其是晋代张斐、杜预注释律文的已有成果，历时1年，撰《律疏》30卷，并与《永徽律》合编在一起。永徽四年十月，高宗将疏议分附于律文之后颁行，分为12篇，共计30卷，称为《永徽律疏》。由于疏议对全篇律文作了权威性的统一法律解释，因而给实际司法审判带来了很大的便利，因此《旧唐书·刑法志》说当时的"断狱者，皆引疏分析之"。

《永徽律疏》总结了汉魏晋以来立法和注律的经验，不但对主要的法律原则和制度作了精确的解释和说明，而且尽可能引用儒家经典作为律文的理论依据。《永徽律疏》的完成，标志着中国古代立法达到了最高水平。

作为中国封建法制的最高成就，《永徽律疏》全面体现了中国古代法律制度的水平、风格及基本特征，成为中华法系的代表性法典，对后世及周边国家产生了极其深远的影响。由于此前的《贞

观律》等至今均已亡佚,因此,《永徽律疏》成为中国历史上迄今保存下来的最完整、最早、最具有社会影响的古代成文法典。

陈子昂主要有哪些文学成就?

陈子昂,唐代文学家,初唐诗文革新人物之一,字伯玉,梓州射洪(今属四川)人。因曾任右拾遗,所以后世也称之为陈拾遗。陈子昂最有代表性的作品是《感遇》诗38首、《蓟丘览古赠卢居士藏用》7首和《登幽州台歌》。

唐睿宗文明元年(公元684年),陈子昂中进士,后升为右拾遗。随后随武攸宜东征契丹,曾多次进谏,未被采纳,最后被斥降职。陈子昂在政治上曾针对时弊,提过一些改革的建议。在文学方面针对初唐的浮艳诗风,力主恢复汉魏风骨,反对齐、梁以来的形式主义文风。他的创作,如《登幽州台歌》《感遇》等共38首诗,风格朴质明朗,格调苍凉激越,标志着初唐诗风的转变。著有《陈子昂集》。

"初唐四杰"是指哪四个人?

"初唐四杰"是初唐文学家王勃、杨炯、卢照邻、骆宾王的合称。《旧唐书·杨炯传》说:"杨炯与王勃、卢照邻、骆宾王以文诗齐名,海内称为'王杨卢骆',亦号为'四杰'。"

王勃,字子安,绛州龙门(今山西河津)人。他年幼时写的骈俪文《滕王阁序》是我国古典文学中的名篇。他的诗清新自然,一篇之中常有一些名言佳句,比如"落霞与孤鹜齐飞,秋水共长天一

色"，就是他《滕王阁序》中的名句。

关于王勃的生卒年，目前尚有分歧。现在大多数学者认为王勃生于永徽元年（公元 650 年），卒于上元三年（公元 676 年），享年 27 岁。王勃的代表作品有《送杜少府之任蜀州》、《滕王阁序》等，著有《王子安集》。

杨炯，弘衣华阴（今属陕西）人。杨炯以边塞征战诗著称，所作如《从军行》、《出塞》、《战城南》、《紫骝马》等，表现了为国立功的战斗精神，气势轩昂，风格豪放。另存赋、序、表、碑、铭、志、状等 50 篇。

卢照邻，字升之，自号幽忧子，幽州范阳（治今河北涿县）人。年少时从曹宪、王义方受小学及经史，博学能文。卢照邻成年以后，由于政治上的坎坷失意和长期病痛的折磨，最终自投颍水而死。卢照邻主要著有《长安古意》、《卢升之集》、《幽忧子集》等。

骆宾王，字观光，婺州义乌（今浙江义乌）人。他 7 岁能诗，有"神童"之称。据说他的《咏鹅》就是此时所作："鹅，鹅，鹅，曲颈向天歌，白毛浮绿水，红掌拨清波。"

骆宾王的五言律诗精工整炼，尤其擅长七言歌行。名篇《帝京篇》是初唐罕有的长篇诗歌，被时人称作"绝唱"。其代表作是《在狱咏蝉》，另有著名的《讨武檄》，作品集为《临海集》。

"李杜"和"小李杜"各有哪些文学成就？

"李杜"是唐代大诗人李白和杜甫的合称；"小李杜"则是唐代诗人李商隐和杜牧的合称。大小李杜代表了唐代诗歌创作的两大

巅峰。

李白,字太白,号青莲居士,祖籍陇西成纪(今甘肃天水附近),幼时随父迁居绵州昌隆(今四川江油)青莲乡。李白的一生,绝大部分在漫游中度过。李白的诗以抒情为主,他具有超异寻常的艺术天才和磅礴雄伟的艺术力量,是继屈原之后我国最为杰出的浪漫主义诗人,被后人誉为"诗仙"。李白的诗以浪漫为主,豪气大方,代表作有:《蜀道难》、《行路难》、《梦游天姥吟留别》、《将进酒》、《梁甫吟》、《长干行》、《子夜吴歌》、《宣州谢朓楼饯别校书叔云》、《望庐山瀑布》、《望天门山》、《早发白帝城》等。

杜甫,字子美,河南巩县(今郑州巩义)人,自号少陵野老,是我国唐代伟大的现实主义诗人。杜甫曾出任左拾遗、检校工部员外郎,因此后世称其杜拾遗、杜工部。杜甫生活的时代是唐朝由盛转衰的历史时期,所以他的诗多涉笔社会动荡、政治黑暗、人民疾苦等,他的诗被称为"诗史"。杜甫一生忧国忧民,人格高尚,诗艺精湛,被后世尊称为"诗圣"。杜甫一生写的诗有1400多首,其中很多是千古传诵的名篇,比如"三吏"和"三别",其中"三吏"为《石壕吏》《新安吏》和《潼关吏》,"三别"为《新婚别》《无家别》和《垂老别》。

李商隐,字义山,号玉溪生,又号樊南生,晚唐时期著名诗人,祖籍怀州河内(今河南沁阳市),生于河南荥阳(今郑州荥阳)。在《唐诗三百首》中,李商隐的诗有22首被收录。他的诗构思新颖独特,风格浓丽,尤其是一些爱情诗写得缠绵悱恻,为世人所传诵。李商隐是一个关心政治的知识分子,写了大量这方面的诗歌,主

要有《韩碑》、《行次西郊作一百韵》、《随师东》、《有感二首》等；李商隐一生仕途坎坷，壮志未酬，于是通过诗歌来排遣内心的抑郁，此类作品有《安定城楼》、《春日寄怀》、《乐游原》、《杜工部蜀中离席》等；吟咏内心感情的作品是李商隐诗歌中最富有特色的部分，主要有《锦瑟》、《燕台诗》、《碧城三首》、《重过圣女祠》等。

杜牧，字牧之，号樊川居士，京兆万年（今陕西西安）人，宰相杜佑之孙，杜荀鹤之父。杜牧在文学创作上有多方面的成就，诗、赋、古文都堪称名家，作品主要有《早雁》、《九日齐山登高》、《阿房宫赋》等。

白居易主要有哪些文学成就？

白居易，字乐天，晚年号香山居士，是我国唐代伟大的现实主义诗人。他的诗题材广泛，形式多样，语言通俗易懂，有"诗魔"和"诗王"之誉。他的诗不仅在中国，而且在日本和朝鲜等国都有广泛影响。

白居易自幼聪颖，读书勤奋刻苦，据说他读书读得口都生出了疮，手都磨破了茧，年纪轻轻的，头发全白了。

白居易晚年官至太子少傅，谥号"文"，世称白傅、白文公。在文学上，他与元稹共同发起了"新乐府运动"，世称"元白"，主张"文章合为时而著，歌诗合为事而作"，写下了不少感叹时世、反映人民疾苦的诗篇。

白居易晚年长期居于洛阳香山，所以号为"香山居士"。武宗会昌六年（公元846年）八月，白居易逝世于洛阳，被葬于洛阳香

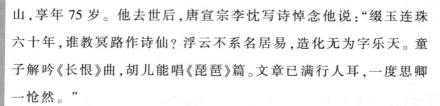

山，享年75岁。他去世后，唐宣宗李忱写诗悼念他说："缀玉连珠六十年，谁教冥路作诗仙？浮云不系名居易，造化无为字乐天。童子解吟《长恨》曲，胡儿能唱《琵琶》篇。文章已满行人耳，一度思卿一怆然。"

白居易一生作诗甚多，以讽喻诗最为著名，语言追求通俗易懂，被称为"老妪能解"。他的叙事诗《琵琶行》、《长恨歌》、《卖炭翁》等为后世广为传诵。其中《琵琶行》中"千呼万唤始出来，犹抱琵琶半遮面"、"同是天涯沦落人，相逢何必曾相识"等句更成为千古流传的佳句。白居易的作品还有《赋得古原草送别》、《钱塘湖春行》、《暮江吟》等。

王维主要有哪些文学成就？

王维，字摩诘（jié），盛唐时期的著名诗人，官至尚书右丞，世称"王右丞"，原籍祁（今山西祁县），后迁至蒲州（今山西省永济），由于王维崇信佛教，所以人称"诗佛"。王维在诗、画方面成就都很高，苏轼曾赞他"味摩诘之诗，诗中有画；观摩诘之画，画中有诗。"尤其以山水诗成就最高，与孟浩然合称"王孟"，著有《王右丞集》28卷。

王维善画人物、丛竹、山水。唐人记载他的山水面貌有二：其一类似李氏父子（李思训、李昭道，山水画北派之祖），另一类则以破墨法画成，其名作《辋川图》即为后者。但是传言他的《雪溪图》和《济南伏生像》都非真迹。

王维是唐代山水田园派的代表。他在诗歌上的成就是多方面

的。

王维的代表作品主要有《送元二使安西》、《山居秋暝》、《春中田园作》、《少年行》、《鸟鸣涧》、《老将行》、《辋川闲居赠裴秀才迪》、《归嵩山作》、《山中送别》、《九月九日忆山东兄弟》等，其中既有田园诗，也有边塞诗，既有写景，也有抒情，题材广泛。

张九龄主要有哪些文学成就？

张九龄，又名博物，字子寿，韶州曲江(今广东省韶关市)人，唐朝开元年间曾任尚书丞相。他是一位有胆识、有远见的著名政治家、文学家、诗人、名相。他忠耿尽职，秉公守则，直言敢谏，选贤任能，不徇私枉法，不趋炎附势，敢于与恶势力作斗争，为"开元之治"做出了积极贡献。

张九龄的五言古诗，以素练质朴的语言，寄托深远的人生慨望，对扫除唐初所沿习的六朝绮靡诗风，贡献非常大，被誉为"岭南第一人"。他的代表作品《感遇》、《望月怀远》等都是千古传颂的佳作。著有《曲江集》20卷传世。

韩愈主要有哪些文学成就？

韩愈，字退之，唐河内河阳(今河南孟县)人。因他自谓郡望昌黎，因此世称韩昌黎。韩愈是唐代古文运动的倡导者，宋代苏轼称赞他"文起八代之衰"，明人更推他为唐宋八大家之首。著有《韩昌黎集》40卷，《外集》10卷，《师说》等等。

在文创作理论上，韩愈认为道(即仁义)是目的和内容，文是

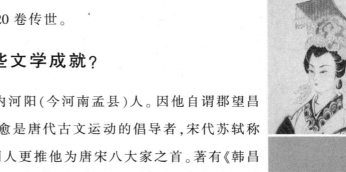

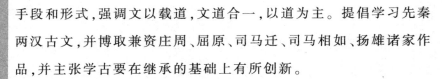

手段和形式,强调文以载道,文道合一,以道为主。提倡学习先秦两汉古文,并博取兼资庄周、屈原、司马迁、司马相如、扬雄诸家作品,并主张学古要在继承的基础上有所创新。

在诗歌创作上,韩愈也有新的探索。所谓"以文为诗",别开生面,用韵险怪,开创了"说理诗派"的诗风。当然,他的诗也存在着过分散文化、议论化的缺点,对后世产生了一定程度的不良影响。

韩愈在散文、诗歌创作方面,实现了自己的理论。他在赋、诗、论、说、传、记、颂、赞、书、序、哀辞、祭文、碑志、状、表、杂文等方面,均有卓越的成就。

论说文在韩愈的文学成就中占有重要的地位,著有很多以尊儒反佛为主要内容的中、长篇,具有代表性的有《原道》、《论佛骨表》、《原性》、《师说》等。还有一些嘲讽社会现状的杂文,短篇如《杂说》、《获麟解》,长篇如《送穷文》、《进学解》等,运用问答形式,笔触幽默,构思奇特,锋芒毕露。学习儒家经书的,如《平淮西碑》。继承《史记》历史散文传统的,如名篇《张中丞传后叙》。学《史记》、《汉书》,描绘人物生动奇特而不用议论的,如《试大理评事王君墓志铭》、《清河张君墓志铭》等。

韩愈抒情文中的祭文,一类描写骨肉深情,如《祭十二郎文》,一类描写朋友交谊和患难生活,如《祭河南张员外文》、《祭柳子厚文》。此外,韩愈还有一些散文,如《毛颖传》、《石鼎联句诗序》等。

柳宗元主要有哪些文学成就?

柳宗元,字子厚,世称"柳河东",因曾官居柳州刺史,所以又

被称为"柳柳州"。唐代文学家、哲学家、散文家和思想家，与韩愈共同倡导唐代古文运动，并称为"韩柳"。与唐代的韩愈、宋代的欧阳修、苏洵、苏轼、苏辙、王安石和曾巩，并称为"唐宋八大家"。

柳宗元在文学上创造了辉煌的成绩，在诗歌、辞赋、散文、游记、寓言、小说、杂文以及文学理论等方面，都做出了突出的贡献。

柳宗元的诗，共计有 140 余首。柳宗元在自己独特的生活经历和思想感受的基础上，借鉴前人的艺术经验，发挥自己的创作才华，创造出一种独特的艺术风格，成为代表当时一个流派的杰出诗才。由于他是一位关心现实、同情人民的诗人，因此无论写什么题材，都能写出具有社会意义和艺术价值的诗篇。柳宗元的《登柳州城楼寄漳汀封连四州》为唐代七律名篇，绝句《江雪》在唐人绝句中也是不可多得的佳作。

柳宗元的散文，与韩愈齐名，堪称我国历史上最杰出的散文家。唐朝中叶，柳宗元和韩愈在文坛上发起和领导了一场古文运动。在文章内容上，他们针对骈文不重内容、空洞无物的弊病，提出"文道合一"、"以文明道"的思想主张。要求文章反映现实，"不平则鸣"，富于革除时弊的批判精神。在文章形式上，他们提出要革新文体，突破骈文束缚，句式长短不拘，并要求革新语言"务去陈言"、"辞必己出"。韩柳的古文运动对后世产生了深远的影响。

在游记、寓言等方面，柳宗元同样为后世留下了极其优秀的作品。其中，《永州八记》(《始得西山宴游记》、《钴鉧潭记》、《钴鉧潭西小丘记》、《小石潭记》、《袁家渴记》、《石渠记》、《石涧记》、《小石城山记》)已成为我国古代山水游记的名作。柳宗元还写了

不少寓言故事,如《黔之驴》、《永某氏之鼠》等,都已成为古代寓言名篇。"黔驴技穷"目前已经作为一个成语被广泛应用,几乎尽人皆知。

柳宗元的论说包括哲学、政论等文及以议论为主的杂文。《天说》是其哲学论文的代表作。《封建论》、《断刑论》为长篇和中篇政论代表作。《晋文公问守原议》、《桐叶封弟辩》、《伊尹五就桀赞》等为短篇政论代表作。

在传记方面,柳宗元继承了《史记》、《汉书》传统,又有所创新。代表作有《段太尉逸事状》、《梓人传》、《河间传》、《捕蛇者说》等。

柳宗元的辞赋继承和发扬了屈原辞赋的传统。他的辞赋,不仅利用了传统的形式,而且继承了屈原的精神。柳宗元的"九赋"和"十骚",都是唐代赋体文学作品中的佳作,无论侧重于陈情,还是侧重于咏物,都感情真挚,内容充实。他的《惩咎赋》、《闵生赋》、《梦归赋》、《囚山赋》等,全部采用《离骚》、《九章》的体式,或直抒胸臆,或借古自伤,或寓言寄讽,幽思苦语,深得屈原精髓。《天对》、《晋问》两篇则属于另一种类型,形式仿照《天问》、《七发》,用语奇特深奥。

唐代在小说方面有哪些成就?

唐代小说是中国小说史上的第一个高峰。它把"丛残小语"的魏晋小说发展到有故事情节、有人物形象的、新颖的传奇体小说,创立了中国文言小说中最富有文学性,最有生命力的传奇体,成为与唐诗齐名的"一代之奇"。

传奇本是传述奇闻异事的意思,唐传奇是指唐代流行的文言短篇小说。它远承神话传说和史传文学,近继魏晋南北朝志怪和志人小说,发展成一种以史传笔法写奇闻异事的小说体裁。唐传奇内容更加丰富,题材更加广泛,艺术上也更为成熟,标志着中国古代小说创作进入了一个新的发展阶段。

唐传奇的发展大体可以分为以下 3 个阶段:

（1）初、盛唐是唐传奇的初步发展时期,也是由六朝志怪到成熟的唐传奇的过渡。作品数量不多,现存的主要有王度的《古镜记》、无名氏的《补江总白猿传》、张鷟的《游仙窟》,内容近于志怪,艺术上也不够成熟。

（2）中唐是唐传奇的鼎盛时期。这一时期不仅作家和作品数量最多,而且有很多名家名作涌现,如陈玄祐的《离魂记》、沈既济的《任氏传》、李朝威的《柳毅传》、元稹的《莺莺传》、白行简的《李娃传》、蒋防的《霍小玉传》、陈鸿的《长恨歌传》等。内容题材涉及到爱情、历史、政治、豪侠、志怪、神仙等,但大部分作品体现了较强的现实精神,创作方法与艺术技巧更加成熟。

（3）晚唐是唐传奇的衰落时期。虽然作品数量不少,并出现了专集,如牛僧孺的《玄怪录》、皇甫枚的《三水小牍》、裴铏的《传奇》等,但内容比较单薄,艺术上也显得有些粗俗。唯有豪侠题材的作品成就较高,如传为杜光庭所作的《虬髯客传》。

唐代在美术方面有哪些主要成就?

唐代时期,是中国古代绘画全面发展的时期,涌现出了大批

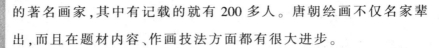

的著名画家,其中有记载的就有200多人。唐朝绘画不仅名家辈出,而且在题材内容、作画技法方面都有很大进步。

初唐绘画,以宗教佛像和贵族人物画为主。名家有阎立德、阎立本兄弟等,现存的《太宗步辇图》和《历代帝王图》就是阎立本的代表作品。

盛唐以后,随着庶族地主经济的发展,绘画题材大大开阔,画法也有了新的创造,人物画开始以世俗生活为内容,山水画也日渐兴盛起来。最有成就的画家是吴道子。

吴道子,唐玄宗赐名为道玄,是中国唐代著名画家,被后世尊称为"画圣",吴道子创作的人物很有特色,与东晋的顾恺之不同,他改变了以前画风那种粗细一样的"铁线描",善于有节奏的"兰叶描",从而形成了独特的风格。吴道子善于把握人物传神生动,注意整体形象的塑造,所画女子壁画十分精彩。他的画风影响非常广泛,在日本、韩国等地也颇具影响力。吴道子的画作现存的有《天王送子图》。

张萱和周昉以画侍女图著称,他们的著名作品有《捣练图》、《虢国夫人游春图》和《簪花仕女图》等。

李思训、李昭道父子以画金碧山水著称,设色绚丽,描绘工细,景物逼真,是山水画北派之祖。诗人王维首创水墨山水画,他的山水画精炼、淡雅,富有诗意,是山水画南派之祖,对后世影响很大。

唐朝还有很多长于画花鸟禽兽的画家,如薛稷画鹤,曹霸、韩干画马,韩滉戴嵩画牛,都相当有名气。

寺院、石窟和陵墓中的壁画，是唐朝绘画艺术的一个重要方面。敦煌千佛洞的壁画数量之多，内容之丰富，是空前绝后的，其题材虽然以佛经故事为主，但也有很大一部分生动地反映了唐代社会的生产和生活情况，如耕地、收获、拉纤、伐木、射猎以及角抵、乐舞等。这些壁画为我们研究当时的社会历史留下了宝贵的资料。壁画中的飞天，窟顶的藻井图案，都是富有独创精神和民族特色的艺术佳品。

唐朝的雕刻艺术同样非常出众。敦煌、龙门、麦积山和炳灵寺石窟都是在唐朝时期步入全盛。龙门石窟的卢舍那大佛和四川乐山大佛都令人嗟叹不已。昭陵六骏、墓葬三彩陶俑都非常精美。

唐朝时期，书法名家辈出。欧阳询、虞世南都是初唐著名书法家。欧阳询的楷书笔力严整，其代表作有《九成宫醴泉铭》。虞世南楷书字体柔圆。颜真卿和柳公权是唐朝中后期的著名书法家。颜真卿的楷书用笔肥厚，内含筋骨，劲健洒脱，其代表作有《多宝塔碑》。柳公权的字体劲健，代表作有《玄秘塔碑》，世人将颜柳二人的书法合称为"颜筋柳骨"。另外，张旭和怀素是唐朝著名的草书大家。